これ、いったい どうやったら売れるんですか？

永井孝尚

SB新書
364

はじめに

ビジネスの世界には、2種類の人がいます。

一生懸命頑張っているのに、なかなか商品が売れない人。

そして、あまり頑張っている感じはしないのに、なぜか商品が売れている人です。


なぜか売れている人は、マーケティングの考え方を理解して、それを行っています。

マーケティングとは、「頑張らなくても売れる方法」を整理して、誰もができるようにした考え方なのです。だからビジネスパーソンにとって、必ず役立ちます。

ただ残念なことに、マーケティングを知らずに、ムダな努力をしている人が、世の中にはとても多いのです。

マーケティングを知らない人が多いのには、理由があります。

世にあるマーケティングの本の多くは、理論書や解説書です。

立派な本が多いのですが、マーケティングを知らない人にとっては難しい言葉が多いために、読んでいて頭が痛くなってしまうのです。


マーケティングで本当に必要なことは、子どもでもわかるほどシンプルでわかりやすいものです。決して難しくありません。

そこで本書は、身近な疑問からはじめて、楽しみながらマーケティング理論がいつの間にか自然とわかるように書きました。


本書はマーケティング理論の流れに沿って書いていますが、「難しいな」と思ったら、そこは読み飛ばしても構いません。それでも必要なことは学べます。ご安心ください。

マーケティングを知ることで、少しでもあなたの人生を豊かにしていただければ、と心から願っています。

それでは、まず第1章「腕時計をする人は少ないのに、なぜ腕時計のCMは増えているのか？」からはじめましょう。

2016年9月

永井孝尚

第1章

腕時計をする人は少ないのに なぜ腕時計のCMは増えているのか？

――「バリュープロポジション」と「ブルーオーシャン戦略」

第2章

人はベンツを買った後 どうしてベンツの広告を見てしまうのか

――「顧客」と「ブランド」

第3章 雪の北海道でマンゴーを育てる?

――「商品戦略」と「顧客開発」

第4章
あの行列のプリン屋が赤字の理由
――「価格戦略」

第5章
なぜセブンの隣にセブンがあるのか？
――「チャネル戦略」と「ランチェスター戦略」

第6章 女性の太った財布には、何が入っているのか
――「プロモーション戦略」と「マーケティングミックス（4p）」

第7章 きゃりーぱみゅぱみゅは、なぜブレイクしたのか？
――「イノベーター理論」と「キャズム理論」

第8章

古本屋がふつうの本屋より儲かる理由

――「マイケル・ポーター5つの力」と「競争戦略」

第1章

腕時計をする人は少ないのに
なぜ腕時計のCMは増えているのか？

——「バリュープロポジション」と「ブルーオーシャン戦略」

豪華な腕時計の広告

「暑い。いくらなんでも暑すぎる」

扇子であおぎながら待っていると、やっと電車がホームに到着した。

「ふう――」

冷房が効いた車内はまさに天国。やっと一息ついた。扇子であおぎながら涼しい車内をながめると、つり革を持つほとんどの腕に腕時計がない。考えてみれば当たり前だ。いまどき時間は携帯やスマホですぐにわかる。

「そうか。時計をする人って、いまはもうほとんどいないんだなあ」

そう思いながらふと目線を上にあげると、そこにはいまや女性好感度ナンバーワンの有名若手女優による腕時計の車内広告があった。背景は赤一色。黒いノースリーブには美しく黒いロングヘアーがかかり、綺麗な二の腕を見せながら、頬にそえた左手には品がいいシルバーの腕時計が輝いている。しばしその美しさに見とれてしまった。

そういえば以前と比べて、腕時計のＣＭや広告が増えているような気がする。腕時計をしている人はほとんどいないのに、なんで腕時計の広告は増えているんだろう？

「言われてみればしばらくしていない」という人は多いはずだ。

しかし腕時計の広告は、電車の中や、駅のホーム、あるいはTVや新聞、雑誌などで、以前よりも増えている気がする。いまだ腕時計専門雑誌もある。しかも腕時計の広告はどれも豪華で、いかにも「お金をかけています!」という感じのものが多い。

腕時計をつけている人はほとんどいないのに、お金をかけた腕時計の広告は増えている……。これはお金のムダ遣いにすら思えてしまう。しかし腕時計メーカーもバカじゃない。売れないのに趣味で広告を出すような会社なんてこのご時世ありえない。出すには理由があるはずだ。

なぜ腕時計をつける人は減ったのか?

腕時計を初めて買ってもらったのは、中学1年生の頃だった。

中1とはいえ、直前まで小学生。小さな腕に初めて腕時計をつけたときは、ちょっと大人の仲間入りをした気分で、ワクワクしたのをよく憶えている。当時は、腕時計がないと電車やバスに乗り遅れるし、テストでも残り時間がわからない。腕時計は必須アイテムだった。

その頃流行っていた腕時計は、世界に先駆けて日本のセイコーが開発した「クォーツ式」。これが出るまで腕時計は、いつも5分や10分、時間がずれていた。しかしクォーツ式は、時間がほとんどずれなかった。

だから店では、「月差30秒」「月差60秒」というように、その正確さをアピールしていて、この正確さでセイコーの時計は、全世界に一気に普及した。

クラスでも、「お前の腕時計、1分も狂ってるじゃん。オレの時計はピッタリだぜ」と自分の時計を自慢する男子が必ず1人はいたものだ。つまり当時は「正確な時間を知ること」が時計をつける理由だったのである。でもいまやスマホや携帯で正確な時間はすぐわかる。だから腕時計をしない人が増えたわけだ。

このように、かつては人々がほしがっていた価値がいつの間にか当たり前になり、その価値が失われることを、マーケティング用語で **「コモディティ化する」** という。

流行遅れの漫画やアニメを「終わったコンテンツ」という意味で**「オワコン」**と呼ぶが、コモディティ化とは、要はオワコン状態のことである。

商売の世界のコモディティ化はとても怖い。

コモディティ化すると、それまで喜んでお金を払ってくれていた人が、手のひらを返したようにピタッと買わなくなる。会社や社員の生活があるのは、お客さんが買ってくれるからだが、コモディティ化から抜け出せないと、会社は倒産するし、クビになった社員は路頭に迷う。コモディティ化の末路は悲惨なことこの上ない。

「正確な時間を知るには、スマホで十分だ」と人々が考えるようになると、腕時計を買うのは一部の時計好きだけになり、大げさにいえばロレックスなど超高級ブランド腕時計を買う少数の人たちか、あるいは買わない大多数の人しか残らない。実際、スマホや携帯電話が登場したときは、腕時計市場は急に縮小して、腕時計会社は存亡の危機に陥った。

でもあの有名若手女優の腕時計広告の広告主は、ロレックスなどではなく、日本の腕時計会社だ。他にもいろいろ腕時計の広告を見かけるが、それらも決して超高級ブランド腕時計の広告ではない。

ここでいったんポイントを整理すると、

「正確な時を知る」という価値はコモディティ化し、腕時計をする人は激減した

←

それにもかかわらず、腕時計各社は広告にお金をかけている

この謎に疑問がわいてくる。

実はいろいろな腕時計があった

おもしろいことに、気にすると情報は目に入るようになる。それまで気にしてもいなかった時計を気にしてみると、その情報が、次々、目に飛び込んでくる。

たとえば久しぶりにFacebookをながめていたら、学生時代から見事な太鼓腹で「デイブ」と呼ばれていた友人が、「誰?」と驚くほどスリムになっていた。この1年間、欠かさずにジョギングを続けた成果らしい。「オレ、運動大っ嫌い」が口ぐせで、飽きっぽいデイブがよく続いたものだ。秘密はジョギング専用ウォッチらしい。走行距離・消費カロリー・歩数を記録でき、GPSで走ったコースも表示できる。

時計を使って「心拍トレーニング」ができることもポイントらしい。ジョギングは速く走るとキツく、ゆっくり走ると楽だが、これを心拍数で計測し、無理なく楽に体力アップする方法が「心拍トレーニング」だ。

心拍トレーニングは気分がスッキリし、何よりグングン記録がよくなるらしい。おかげで最初は5分のゆっくりジョギングが限界だったデイブも、いまは1時間続けて走れるようになっていた。運動嫌いで飽き性のデイブも楽しいらしい。それまで何も運動していなかったので、少し運動すれば劇的に伸びるのは当たり前かもしれないが。かくしてスリムに変身したデイブは、次回の東京マラソン完走を目標にしているという。人間、変われば変わるものだ。

数日後、30年間勤めた会社の大きな同窓会に参加した。そこで久しぶりに60代半ばの大先輩と会ったのだが、日焼けして健康そうな先輩は若返ったように見える。引退したいまは悠々自適で、山登りがマイブームらしい。

「このおかげで山登りができるようになったんだ」

と見せてくれたのが、登山専用のゴツい腕時計。高度計・気圧計・温度計が内蔵されている。またもや時計だ。かつての山登りの必需品・コンパス機能までついていて、いかにも「頼れる登山の道具」といった風格すら漂ってくる。

先輩は器用に腕時計を操作しながら、同窓会会場の気圧や高度を見せてくれる。私にはとても複雑な操作に見えたが、慣れた手つきで操作しながら話を続けた。

「そうそう、社会人になった娘も山ガールでね。同じ時計をしているんだよ」

「こんなゴツい時計を、女性がつけるんですか?」と驚いたが、登山では雨や雪で手がかじかんだり、軍手やグローブをつけるので、そんなときでも操作しやすいように大きくなっているらしい。

「ロレックスとかはぜんぜん興味なくてね。そもそも高くて買えないし、別にもう見栄を張る必要もないしね」と言う先輩は、この登山専用腕時計をすっかり普段使いにしている。おそらく人に会うたびにこうやって見せながら、好きな登山の話をしているのだろう。

先輩が腕時計自慢をしていると、スーツ姿の同期の友人が話に割り込んできた。現役バリバリの外資系IT企業マネージャーとして世界各地への海外出張が多い彼も、腕時計をしていた。GPSソーラー腕時計というらしい。

「最近はいろんな国に行くんだけどさ。コレ、便利なんだよ」と自慢げだ。電波時計とGPSの組み合わせで、世界のあらゆる場所で瞬時に現地時刻に自動修正されるらしい。ソーラー発電するので電池交換も不要だ。

同窓会の帰りに、スマホでそれぞれの時計の価格を調べてみた。

どれも国産で、ジョギング専用ウォッチは1万円〜3万円。登山専用ウォッチは5万円〜10万円。GPSソーラー腕時計に至っては10万円〜20万円。ロレックスほどではないが、それなりに高い。でもみんな満足している。時計なんて誰もしていないと思っていたが、気にしてみると案外している人は多いものだ。

お客さんは何にお金を出しているのか？

知らない間に、世の中には実にいろいろな時計が増えていることがわかってきた。これが腕時計会社が広告を増やしている理由だろう。

いままでもお客さんは、「時間を正確に知りたい」と思っている。しかしいまや、正確な時間はスマホや携帯電話で十分わかる。だから「時間を正確に示す」だけでは、お客さんがお金を出す理由にはならない。

そこで腕時計業界は、お客さんがお金を出す「理由」を新しく創り出すことで、スマホや携帯では真似できない新しい商品を生み出したのだ。

お客さんは何にお金を出しているのか?

昔

時刻を
正確に知る

いま

◆**体力を強化する**
(ジョギング専用ウォッチ)

◆**安全に登山する**
(登山専用ウォッチ)

◆**グローバルで
ビジネスを成功させる**
(GPSソーラー腕時計)

ジョギング専用ウォッチは「(時計で)体力を強化する」、登山専用ウォッチは「(時計で)安全に登山する」、そしてGPSソーラー腕時計は「(時計で)グローバルビジネスを成功させる」という価値を創造することで、**お客さんがお金を出す「理由」**を創り、新市場を生み出したのである。

バリュープロポジションという考え方

このしくみをわかりやすくしたものが、マーケティングの世界でいう、**バリュープロポジション**という考え方だ。

バリュープロポジションとは

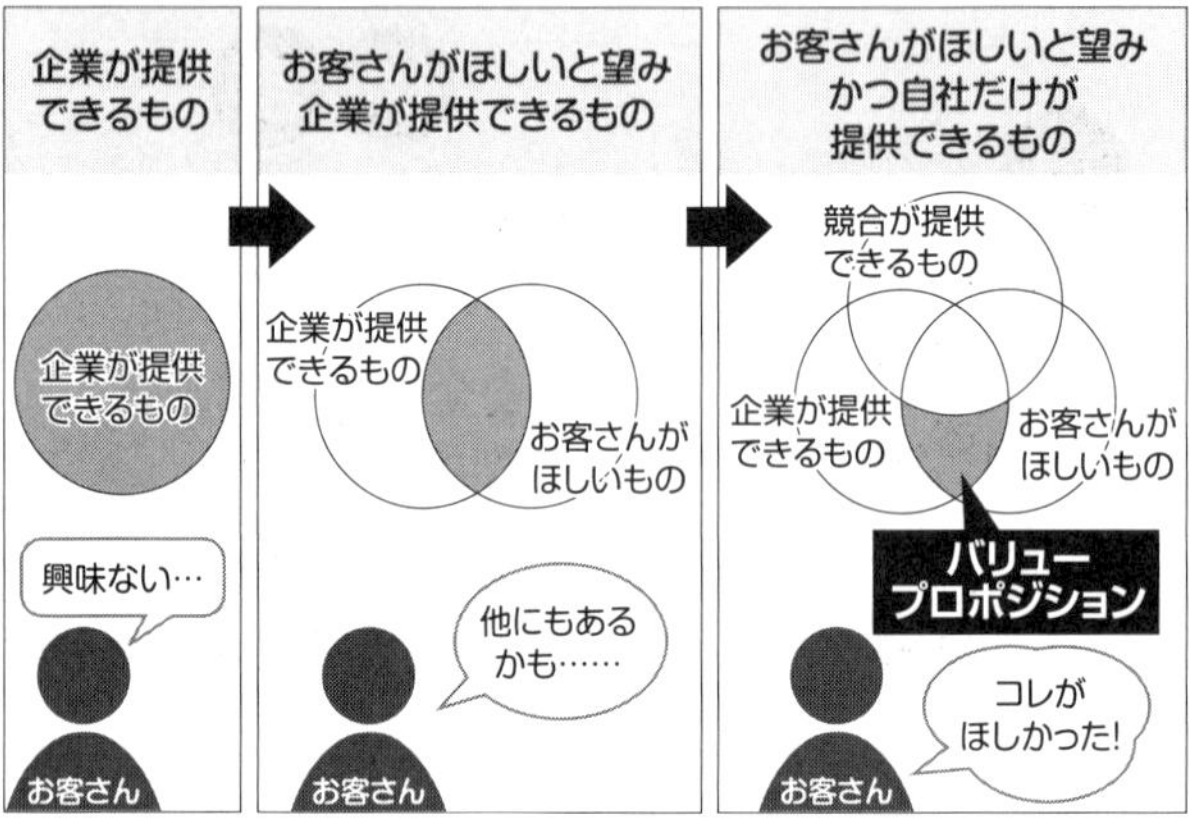

商品を売るとき、私たちは「自分たちが何を提供できるか」だけを考えてしまうことが多い。しかしお客さんは、自分がほしいものでなければお金を出さない。ということは売る側は、自分たちが提供でき、さらにお客さんがほしいものを提供しなければならないことになる。

　しかしこれを満たすだけでも、お客さんはお金を出さない。たとえば「時間を正確に知りたい」お客さんが、腕時計ではなく手近にあるスマホですますように、他にいいものがあればお客さんはそちらを選ぶからだ。

　他では手に入らないものを提供しては

じめて、お客さんがお金を出す理由になる。ジョギング専用ウォッチも登山専用ウォッチも、他の腕時計やスマホにはできない機能があったから、お客さんはお金を出したのだ。

つまりお客さんがお金を出す理由とは、「ほしいと思い、かつ、それに代わるものがないもの」で、これがバリュープロポジションだ。バリュープロポジションとは、お客さんに提供する価値を決めたものだ。売る側はバリュープロポジションを考え抜くことで、お客さんがお金を出す理由を創り出す必要がある。

バリュープロポジションを考えるには、まずターゲットのお客さんを絞り込んで、そのお客さんがお金を出す理由を考え抜く必要がある。

たとえばジョギング専用ウォッチは、「ジョギングで体力を強化したい」というお客さんに絞り込み、「時計で体力強化が図れる」という価値を提供することで、お金を出す理由をつくる。

登山専用ウォッチは、「安全に登山したい」というお客さんに絞り込み、「時計が厳しい環境でも頼れる登山の武器になる」という価値を提供することで、お金を出す理由をつくる。いずれもこれまでの腕時計やスマホではできなかったことだ。

有名若手女優を使った広告の腕時計も、「(有名女優の)〇〇ちゃんみたいになりたい！」という同世代の女性にターゲットを絞り込み、好感度が高い〇〇ちゃんを使って、彼女になりたい人たちの願望をくすぐることで、お金を出させようとしている。

つまり売れる商品を作るためには、このように明確にターゲットを絞り込み、お客さんがお金を出す理由、つまりバリュープロポジションを考えることが絶対条件なのである。

レッドオーシャンとブルーオーシャン

もしバリュープロポジションがないまま、コモディティ化した状況が続くとどうなるか？　いま牛丼業界が、まさにこの状態に陥っている。

学生の頃、私は牛丼が大好きだった。

当時の牛丼屋の売りは、「うまい、安い、早い」。ヒマそうに見えて、学生も結構忙しい。注文して1分で出てきて、安くてジューシーで美味しい牛丼は、価格300円と懐にも優しいので、よくお世話になっていた。

社会人になり牛丼屋からは足が遠のいたが、いつの間にかさまざまな牛丼店チェーンが増えて、「うまい、安い、早い」は当たり前になった。

先日、お昼に(何を食べようか)と思いながら街を歩いていたら、牛丼屋があった。

「そういえば、しばらく牛丼、食べてないなぁ」

と思い出して、久しぶりに店に入ることにした。

注文してすぐに出てくるのは以前と同じ。でも一口食べて違和感を覚えた。

「あれ。牛丼って、こんなにパサパサの肉だったっけ?」

以前のジューシーで美味しい牛肉が、なんというかパサパサしていて旨みを感じないのだ。気のせいか牛肉の量も少ない。

牛丼は私が学生の頃から三十数年も経つのに、いまだ300円以下の店もある。しかし激しい価格競争をした末に、味は落ちているのだ。

牛丼業界は、以前の売りだった「うまい、安い、早い」がコモディティ化したことになる。商品の牛丼自体には、もはや大きな違いはない。となると違いを出すには価格しかない。その結果、安売り合戦になり、利益とコストをギリギリまで削った過当競争に陥っているのである。

「消費者にとって、安売り合戦はむしろ大歓迎だ」と言いたいところだが、残念ながら違う。激しいコスト削減の挙げ句、食材も安いものに切り替えられ味も落ちてしまった。安売り合戦は、回り回って消費者にとっては損なのである。

牛丼業界のように、コモディティ化してライバル同士が過当競争する市場を、多くのサメが集まって獲物を食い合う真っ赤な血で染まった海にたとえて**「レッドオーシャン」**と呼ぶ。

サメは血の臭いを嗅ぐと急にどう猛になるが、血で染まった海には血の臭いを嗅ぎつけた他のサメも殺到して、獲物を食い合う。これはまさに儲かりそうな市場に、ライバルが次々に殺到して過当競争しているのとまったく同じだ。

あなたは、こんな血の海で泳いでいたいだろうか?

私はご免こうむりたい。

すぐにでも陸に上がって、怖いサメがいない穏やかな海を探したい。

商売も同じだ。

レッドオーシャンの中にずっといると、会社の体力は消耗し、最悪の場合、倒産してしまう。これを防ぐには、過当競争の市場、つまり真っ赤な海から一刻も早く脱出し、ライバルがいない海を見つける必要がある。このライバルがいない市場のことを、**「ブルーオーシャン」**と呼ぶ。血で汚されていない真っ青な大海原、つまり未開拓の新市場ということだ。


かつてレッドオーシャンのまっただ中にいた日本の腕時計メーカーは、いまやブルーオーシャンを切り拓いた。このブルーオーシャンを生み出す戦略を、**ブルーオーシャン戦略**ともいう。これもバリュープロポジションにとても近い考え方で、いずれも新たな顧客に対して、ライバルが提供できない新しい価値を創り出す。

ブルーオーシャン戦略とは、新しい市場を創り出すために、まずはターゲットを絞り、いまやっていることから、何を取り除いて、何を減らすかを考える。その上で、代わりに何をつけ加え、何を増やすかを考えることで、自社だけが提供できるモノを作り、新しい市場をつくる戦略だ。

ジョギング用ウォッチでいえば、まずはマラソン好きにターゲットを絞った。ターゲットに合ったモノづくりをするとなると、走りながらチラ見で心拍数がわかるよう、小さな文字盤に数字を大きく表示したり、心拍数モニターも必要になる。しかしこれらを搭載すると、電気を食うのでバッテリーがすぐ減ってしまう。つまりこのケースでは、ファッション性やバッテリー持続時間はあきらめ、ジョギングに必要な機能を搭載する決断をすることで、ジョギング専用ウォッチという商品が生まれ、「腕時計で体力を強化する」という新市場（ブルーオーシャン）を創り出したことになる。

登山専用ウォッチでいえば、これも腕時計としての軽さや操作のシンプルさをあきらめる代わりに、ボタンを大きくして悪環境下での操作性を向上させ、登山に必要なさまざまな機能を搭載した。その結果、「腕時計を登山で頼れる武器にする」という価値をつくることで、新たな市場(ブルーオーシャン)を生み出した。

このようにブルーオーシャン戦略も、バリュープロポジションと同じく、既存のお客さんにとらわれず新たに絞り込んだお客さんがお金を出す理由を提供することで、新たな市場を創り出す戦略である。

余談だが、私は30代半ば頃、知らない間にお腹まわりが大きくなりビックリしたことがあった。そういえば体調もあまりよくない。このままではメタボまっしぐら。ヤバイ。そこで自分の生活を振り返ってみた。心当たりがいくつも出てきた。

まずアイスクリームが大好きで1kg入りパックを常に冷蔵庫に入れ、ヒマがあると食べていた。食事も毎食お腹いっぱいになるまで食べ、飲み会も週3~4回あった。考えてみたら30代も半ばを過ぎていたのに、20代の頃と同じように食べて飲んでいるわけだから、太らない方がおかしい。

そこでまず、冷凍庫のアイスクリームは思い切ってゴミ箱に処分。食事はいつも腹八分目にとどめ、飲み会も週1回に減らした。そして飲み会に行かない日は、代わりに軽く運動することにした。おかげでメタボの進行は止まり、スリムになった。何が言いたいかと言えば、何かを捨てなければ何かを得られない、ということだ。

徹底してお客さんの立場に立つ

第1章では、マーケティング戦略を考える上で出発点となる**「バリュープロポジション」「ブルーオーシャン戦略」**の考え方を紹介した。

かつては、いいものを作ればそれなりに売れた。

しかしいまは、お客さんが本気で「ほしい」と思ってくれないと、絶対にモノは売れない。だからお客さんがお金を出す理由をつくるためのバリュープロポジションの考え方が、非常に重要になってきた。

バリュープロポジションをつくるには、徹底してお客さんの立場に立って考えることが必要になる。

登山専用ウォッチの開発チームは、まだいまほど登山やアウトドアがブームになっていない頃から、「必ずニーズはあるはず」と考えて、登山家と一緒に山登りを繰り返した。チームの中には慣れない冬山登山で凍傷になった人もいたという。そうやって登山家の立場で徹底的にニーズを洗い出し、必要な機能をつくり込んだ。これがきっかけで登山のおもしろさに目覚めて、登山をライフワークにしている人も多いと聞く。

ジョギング専用ウォッチの開発チームも、ジョギングを趣味にしている人が多い。彼らも日々、ジョギングを通して、徹底的にお客さんの立場に立ち、新たなニーズを掘り起こし、さらなる価値の提供を考え続けている。

必要なことは、まず徹底的にお客さんの立場に立ってみること。

そして目を皿のようにして、まだ見ぬお客さんのニーズを見つけ出すこと。

市場がレッドオーシャンに陥って「オワコン」になってしまっても、腕時計市場からジョギング専用ウォッチや登山専用ウォッチが生まれたように、お客さんが気づいていないニーズは必ずある。それを見つけ出して、バリュープロポジションを考え出し、ブルーオーシャンにたどり着ければ、モノは必ず売れるようになる。

第2章

人はベンツを買った後どうしてベンツの広告を見てしまうのか

——「顧客」と「ブランド」

高い買い物の後、誰でも必ずやること

友人がベンツを買った。

彼のFacebookには、「買っちゃいました!」というメッセージの下に、真っ赤なベンツの前でにこやかにVサインしている写真がある。

週末、自慢のベンツに乗せてもらう機会があった。

車内は黒い革張りで、新車独特の香りが漂う。

彼は運転しながら「ベンツ、いいですよ―」とご満悦だ。

助手席にすわりながら、ふと後ろの座席を見ると、雑誌が置かれていた。何の気なしに手に取ってみたら、ページが折り曲げられている。ベンツの広告ページだった。

「買った後なのにベンツの広告が気になって、つい何回も読んじゃうんですよね」

ベンツというと経営者が乗る車、というイメージだが、彼はふつうの会社に勤める30代のふつうの会社員。ベンツを買うにあたっては、当然ながらいろいろな車を試乗して悩んだ末に、この車を選んだそうだ。そして買う前に情報を徹底収集したにもか

かわらず、買った後も相変わらず広告を見ている。

(面白いなぁ)と思ったが、ふと気がついた。

「そういえば、自分も同じだ」


私は写真がライフワークなので、カメラやレンズをよく買う。

彼と同じく、私もカメラやレンズを買うときは、細かく比較し、さらに店頭で実際に触って感じを確かめた上で買っている。しかし買った後、買ったカメラやレンズの広告を、買う前以上にジックリ見てしまう。彼と同じだ。

多くの人は高額商品を購入した後、なぜかその商品をググるそうだ。「もう買ってしまったくせに」と突っ込みたくなるが、自分も含め、人間とはそういうものらしい。

買った後、お客さんは不安になっている

高い買い物をした後、広告が気になるのには、実は理由がある。

「本当に買ってよかったのか?」

高い買い物をした人ほど、内心、そんな不安を抱えているのだ。

なにしろ大金を払った後だ。もし他にもっといい商品があったら残念だし、最近は新手の巧妙な詐欺もあったりする。油断も隙もありゃしない。


マーケティング理論では、この現象を**認知的不協和の解消**と呼んでいる。

「高い買い物だったけど、いい買い物だった」という思いと、「でも実は間違いだったんじゃないか？」という不安、この2つの認知を解消して「やはり自分はいい買い物をした。よかった」と、自分を納得させるために、人は買った後ほど、広告をシゲシゲとながめたり、商品の記事を読んでしまう。

「ベンツっていいですよ」と心から満足そうな友人も、カメラを徹底的にチェックして買う私も、実は内心「買って本当によかったのか」と不安なのだ。だから認知的不協和の解消をするために、広告を見てしまう。


買う側に立つとこの気持ちはよくわかる。

では、立場を変えて売る側に立ったときはどうか。

売る側に立つときも、これを理解することはとても重要になる。

お客さんに高い商品を売り込むのは、とても大変だ。

そもそもお客さんはなかなか納得しない。財布の紐も固い。

それを突破するのだから、苦労も多い。

しかしお客さんに高い商品を売った後、「やっと買ってくれた。よし、次を攻めるか！」とすぐ次のお客さんに移るのは、実はちょっと早すぎる。

次のお客さんにどうやって売るかを考える前に、高い買い物をしてくれたお客さんはいま、「本当にいい買い物だったのか」と不安を抱えていることを思い出してほしい。高い商品ほど、売った後のフォローがとても大切なのだ。なぜなら**「やっぱり買ってよかった」と不安が解消されたお客さんは、その後も継続して「顧客」になってくれるからだ。**

だから何があっても、こういうお客さんは決して手放してはいけない。商売は販売して終わりではない。販売ははじまりなのである。

メルセデス・ベンツ社（以下、メルセデス）はこれが実にうまい。

ベンツオーナーになるとその直後から、オーナーだけが見ることができる会員専用サイトが使えるようになる。ここでは自分の車の保守履歴やドライブ履歴が管理できる。それに加えて、オーナーだけが集まるコミュニティに入ることができる。たとえばここでは、オーナー限定のサーキット体験や新型モデル発表パーティへの参加ができ、他のオーナーとの交流を図ることも可能になる。こうしたコミュニティの輪に入ることで「やっぱり買ってよかった」と満足するのだ。

それだけではない。ベンツは走行距離が10万キロ以上、または保有期間が10年を超えたお客さんを表彰する「オーナー表彰制度」もある。贈呈された特別エンブレムは、車のフロントグリルに装着できる。これは中古車ユーザーも対象で、これもオーナーの長期にわたる「買ってよかった」を高めるのに一役買っている。

その他、安全面では、万が一車が走行不能になったときにしっかりと助けるために、24時間365日のサポートサービスが購入後3年間、無料で提供される。加入すると、ドアミラー・エアコンなどの修理もタダになるという大盤振る舞いだ。さまざまな方法でここでも「やっぱり買ってよかった」と実感させるしくみを用意しているのだ。

私が国産車に乗っていたときに、買ってから5年間何の音沙汰もなかったにもかかわらず、5年経ったらしきりに新車買い替えの営業をしてきた会社と比べると大違いだ。

ベンツは高い買い物だ。買った直後にアフターケアをキッチリ行い、その後も手厚くサポートすることにより、お客さんに「期待以上だ」「やっぱりベンツを買って正解だった」と思ってもらうことで、メルセデスは継続的なファンになる**顧客**をつくることに成功している。

客だけでなく企業もお客さんを選ぶ?

ところで友人は悩みに悩んだ末にベンツを選んだが、実はベンツ側も彼を選んでいる。こう言うと、こんなふうに思われるかもしれない。

「それは逆じゃない? そもそもモノを選ぶのってお客さんでしょ?」

しかし世の中では企業が「お客さんを選ぶ」ケースは、意外と多い。

20代後半の頃、京都に一人旅をした。数日間滞在して街を散策した。「せっかく京都に来たのだから、あの祇園で食事でもしよう」と、ガイドブックをチェックして驚いた。祇園はどの店も「一見さんお断り」だったのである。

祇園の店は、ひいきのお客さんの紹介がなければ、店に入ることすら許されない。つまり店がお客さんを選んでいるのだ。

もし誰でも入店できるようになり、お酒が入って酔っ払って大騒ぎするような人も来るようになると、店の雰囲気が悪くなる。

京都では馴染みの客は「雰囲気が悪い。何とかしろ」などという野暮なことは言わない。黙って「ほな、別の店に行こか」と去るだけだ。だから祇園の店は素性が知れないお客さんを断って、馴染みのお客さんを逃がさないようにすることで、客を囲い込み、収益をあげている。これも客側ではなく、店がいいお客さんを選び抜き、顧客にしているケースだ。

このように店や会社が、ターゲットと定めたお客さんを恣意的に選ぶことがある。

たとえばこれまでベンツの主力車は大きな高級車で、その顧客は成功した経営者・医者・弁護士が中心だった。「ベンツに乗る人＝成功した人」という位置づけだ。

でもいまや地球に優しくて燃費もいいエコなコンパクトカーが人気だ。そこでメルセデスは、20代でも買えるような新世代コンパクトカーに、バリエーションを広げている。新たに狙う客層はふつうの会社員。つまり新世代コンパクトカーのベンツは、「いつか成功したいと考える人が乗る車」という位置づけになった。ジョギング専用ウォッチを作る腕時計会社がジョギング好きな人をお客さんとして選んだように、メルセデスは「成功したい」と考える「若い会社員」をお客さんに選んだのである。

イオンモールでベンツを売る!?

これまでの超高級なベンツは、超一流ホテルに経営者や医師・弁護士を招き、高級シャンパンを振る舞いながら、紺のスーツでビシッと決めた男性スタッフが「お客様、どうぞごゆっくりとご覧くださいませ」とエレガントにエスコート。おそらくこんな感じで売ってきた。

しかしコンパクトカーは、こんな売り方はしていない。

実はメルセデスはコンパクトカーを、まったく違うアプローチで売っている。たとえば週末に郊外のイオンモールで、ビニールの買い物袋を下げたお父さんたちを相手に売っているのである。

私はその現場を目撃したことがある。いかにも気さくそうな茶髪の若い女性スタッフが、「こんにちは〜!」と親近感オーラ100%で子どもたちに風船を配って人を集めていた。このとき「ベンツは超一流ホテルで、エレガントに売る」という私のイメージは、ガラガラと音を立てて崩れ去った。

イオンモールの会場にはさまざまなベンツが置かれていた。その中に友人が乗っていた赤いベンツもあった。価格は300万円弱。国産のコンパクトカーでも200万円はするので、安くはないが手が届かないほど高いわけではない。急にベンツが身近に感じられた。

ビニールの買い物袋を下げたお父さんも運転席に乗り込んで「へぇ。ベンツか。今度はこれがいいかなあ」と満足げにつぶやきながら、傍らに立っている奥さんをチラチラと見ていた。

車を売らないショールーム

イオンモールだけではない。メルセデスはさらに幅広いお客さんをカバーするために、車を売らないショールームをオープンしている。

六本木を歩いていたら、いい雰囲気のカフェがあった。私が何より好きなのはカフェ巡りだ。迷うことなく入った。

六本木という土地柄のためか、お客さんは外国人やオシャレなモデル系男女が多い。よく見てみると、カフェとつながっている広い空間に、ベンツが何台も展示してある。実はこのカフェ、メルセデスが経営する「メルセデス・ベンツ コネクション」だった。

ショールームで車を見ていると声をかけられるものだが、ここでは何も言ってこない。

ベンツのロゴが付いたキーホルダー、傘、Tシャツなどのグッズもたくさんあって、これらについては販売もしている。イオンモールで身近に感じたベンツが、さらに身近に感じられた。

ちょうどお昼時だ。そろそろ外で昼食を……と思ったら2階にレストランがあったので、食事をしていくことにした。ここも同社の経営だ。

イタリアンのパスタは美味しく価格はリーズナブル。店内には軽音楽が流れ、壁の大画面テレビには、メルセデスの車がサーキットを走る様子や、メルセデスがいかに技術にこだわって車づくりをしているかが字幕つきで流されていた。ほとんどの男性はメカ好きだ。店内にいるカップルにも、画面を凝視する男性客が多かった。

帰り際にショールームの人に聞いたところ、ここの8割の客はベンツのオーナーではないそうだ。また展示する車はメルセデスの全車種で、週ごとに替えているらしい。

お客さんを拡大したメルセデス

	これまで	いま
お客さん	経営者/医者/弁護士	ふつうの会社員
売り方	ホテルの商談会	イオンモール
認知の拡大	メルセデス・ベンツ コネクション	
位置づけ	成功した人が乗る車	いつか成功したい人が乗る車
商品	大型高級車（Sクラス/Eクラス）	新世代エコカー（Cクラス/Aクラス）

敷居を下げ客層を拡げた

このカフェで狙いがなんとなくわかった。

これはメルセデス・ベンツというブランドの入口なのだ。

小型化やエコカーの潮流があるので、メルセデスは新世代コンパクトカーを次々投入している。

一方で世の中には「ベンツは高嶺の花」というイメージが根づいている。

トヨタや日産のショールームには行ったことはあっても、ベンツのショールームに行ったことがある人は少ないだろう。敷居が高いのだ。

このままでは、せっかく新世代コン

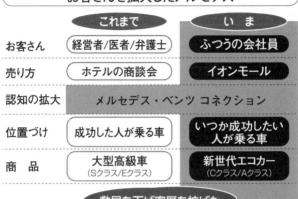

パクトカーを投入しても拡がらない。

そこでメルセデスはプレミアム性は維持した上で、**敷居を下げる**ことを狙ったのだ。敷居を大きく下げて、メルセデスに共感を持つ顧客を拡げるために、カフェを展開しているのである。

「お客さん」は何種類もいる

ここまで「お客さん」と一括りにしてきたが、企業から見るとお客さんは1種類ではない。

たとえばお客さんは**顧客ロイヤルティ**という考え方で分類できる。

「ロイヤルティ」とは「思い入れ」という意味だ。つまり顧客ロイヤルティとは、お客さんの思い入れ度のことで、お客さんは**「潜在客↓見込客↓新規顧客↓リピーター↓贔屓客↓ブランド信者」**へと進化していく。

- **潜在客**

たとえばメルセデスがターゲットとして考えているのは「経営者、医者、弁護士」、あるいは「ふつうの会社員」だ。この人たちが潜在的にベンツを買う可能性があると考えている。

・見込客

潜在客のうち、実際にメルセデスが接触したお客さんだ。たとえば超一流ホテルの展示会に招かれた経営者、イオンモールでベンツに乗ってみたお父さん、メルセデス・ベンツのカフェでベンツに興味を持った人などだ。

・新規顧客

初めてベンツを買った人。自慢の赤いベンツを買った友人もその1人だ。

・リピーター

ベンツが気に入って、古くなるとまたベンツに買い替えるような人だ。何度もこれを繰り返す人が**贔屓客**。さらにこれが**ブランド信者**になると、他の人にもベンツを勧めるようになる。

顧客ロイヤルティが高い顧客は莫大な利益を企業にもたらしてくれる。

ベンツでいえばリピーターや贔屓客は、他社の車に浮気せず、古くなった愛車を再び最新のベンツに買い替えてくれる。さらにブランド信者になると、まるでセールスマンのように知り合いにベンツを勧める。このように1人のお客さんが生涯にわたり、顧客でいる間に企業にもたらす価値のことを、**顧客生涯価値（カスタマーライフタイムバリュー）**という。

たとえば私の友人が乗っている赤いベンツは300万円だ。30代の彼が70代までの40年間、高いロイヤルティを持ち続けて同じ車種を5回買い替えるとすると、メルセデスから見た私の友人の顧客生涯価値は、合計1500万円になる。

３００万円×５台＝１５００万円

しかし彼が成功して40代で経営者になり、倍の価格のベンツを買えるようになると、顧客生涯価値は倍に跳ね上がる。さらには彼がブランド信者になって知り合いにもベンツを勧め、40年間のうちに彼の紹介で何人もの人がベンツを買ったら、顧客生涯価値はさらに膨らむ。

３００万円＋（６００万円×４台）＋（６００万円×○○台）＝莫大な顧客生涯価値

このように高い顧客ロイヤルティを持つ顧客が増えると、企業の利益は増加する。「商売は販売して終わりではない。はじまりだ」と言ったが、あれは単なる精神論ではない。回り回って企業の莫大な利益につながるからだ。販売した後、お客さんがあ

顧客ロイヤルティと顧客生涯価値

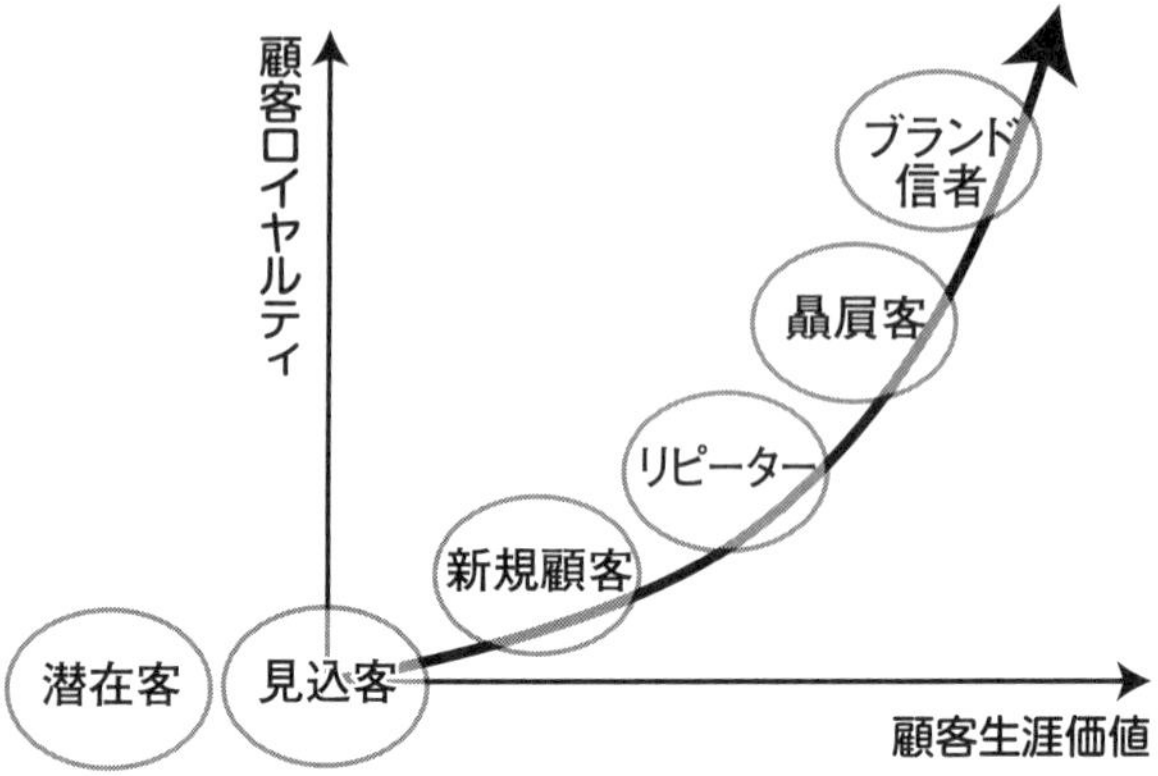

なたの会社の商品を心から愛し、贔屓客・ブランド信者になるよう、買ってもらった後こそ、ありとあらゆる努力を惜しまないことが大切なのである。

顧客満足の式

顧客ロイヤルティを高める唯一の方法は、お客さんに顧客満足を提供し続けることだ。でもその言いなりになっても、お客さんは満足しない。

顧客満足が生まれるしくみを知るには、自分がどんなときに満足するかを思い出してほしい。たとえば「期待もしていなかったサプライズを受けたとき」満足した経験はないだろうか。

私は休みによく行く旅館がある。

いつもバスで行くのだが、ある日バス停を降りると、驚いたことにそこに旅館のご主人が待っていた。

「そろそろ来られる頃かな、と思いまして」

予想していなかったことなので、とても嬉しかった。こんなことがあると、「次はいつ来ようかな」と思ったりするものだ。ちなみにこの旅館は、地域で顧客満足度ナンバーワンと評判である。

顧客満足については、次の式で考えればわかりやすい。

事前の期待を超える価値を提供することで、お客さんは満足するのだ。

顧客満足＝提供された価値－事前の期待

余談だが、最近、世の中には不倫が多いそうだ。これはパートナーがお互いに、これを果たしていないからかもしれない。

顧客満足がブランドをつくる

ブランドを生み出しているのは、この顧客満足だ。

期待を超えた価値を提供され続けた人が、「ブランド信者」になり、「ブランド信者」が数多く生まれるとそれは「ブランド」として認知される。

ブランドというと「お金をかけないとつくれないいんじゃないの？」と思いがちだが、大金を投じて広告をたくさん出しても、ブランドはつくれない。

私は大学4年生のとき、就職活動で日本ＩＢＭから内定をもらった。早い時期だっ

期待を超えたとき顧客は満足する

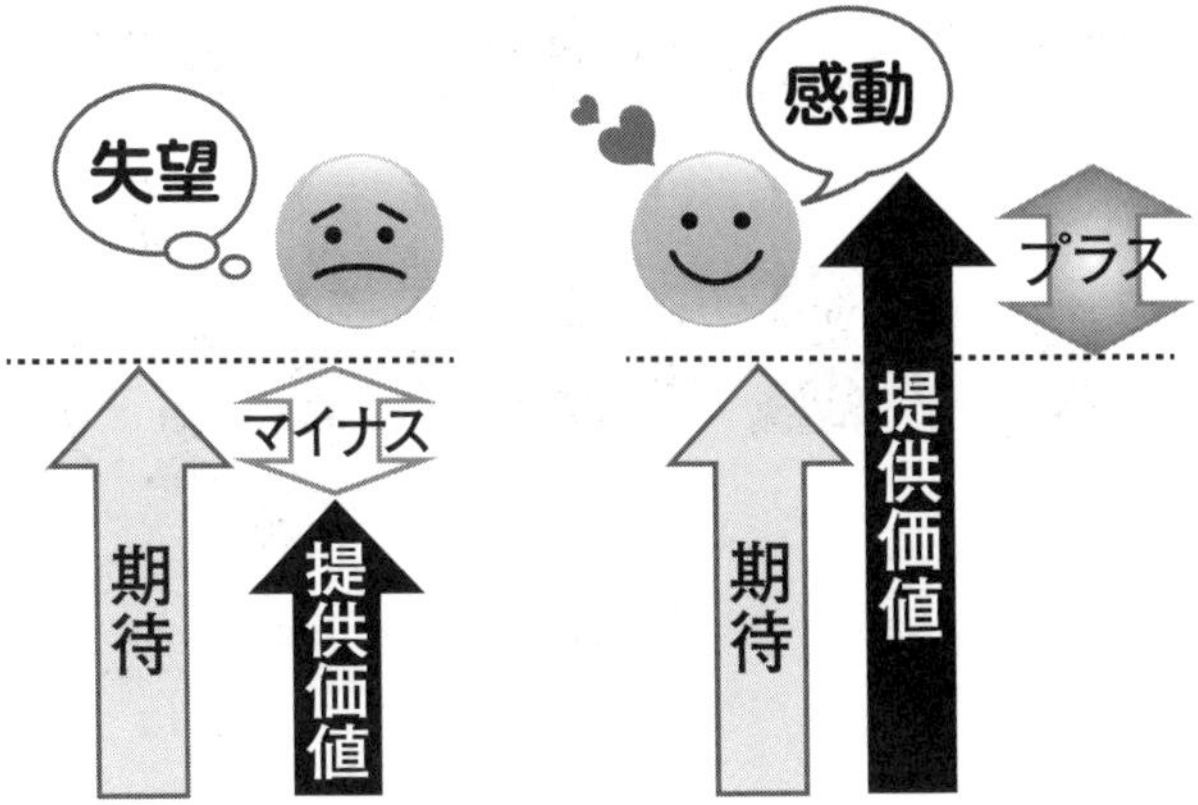

たし、IBM社員である大学の先輩からの口約束だったので、本当に大丈夫か不安になり、大学の就職担当教授に聞いてみた。

「IBMから内定をもらったんですけど、大丈夫でしょうか?」

教授の返事は、こうだった。

「あ、IBMでしょ? だったら大丈夫だよ」

「IBMは、言ったことを守る」という信頼が世の中に浸透していると知ったのは、このときだ。

この「言ったことは守る」という信頼は、お金では絶対に得られない。

ブランド資産を構築するには

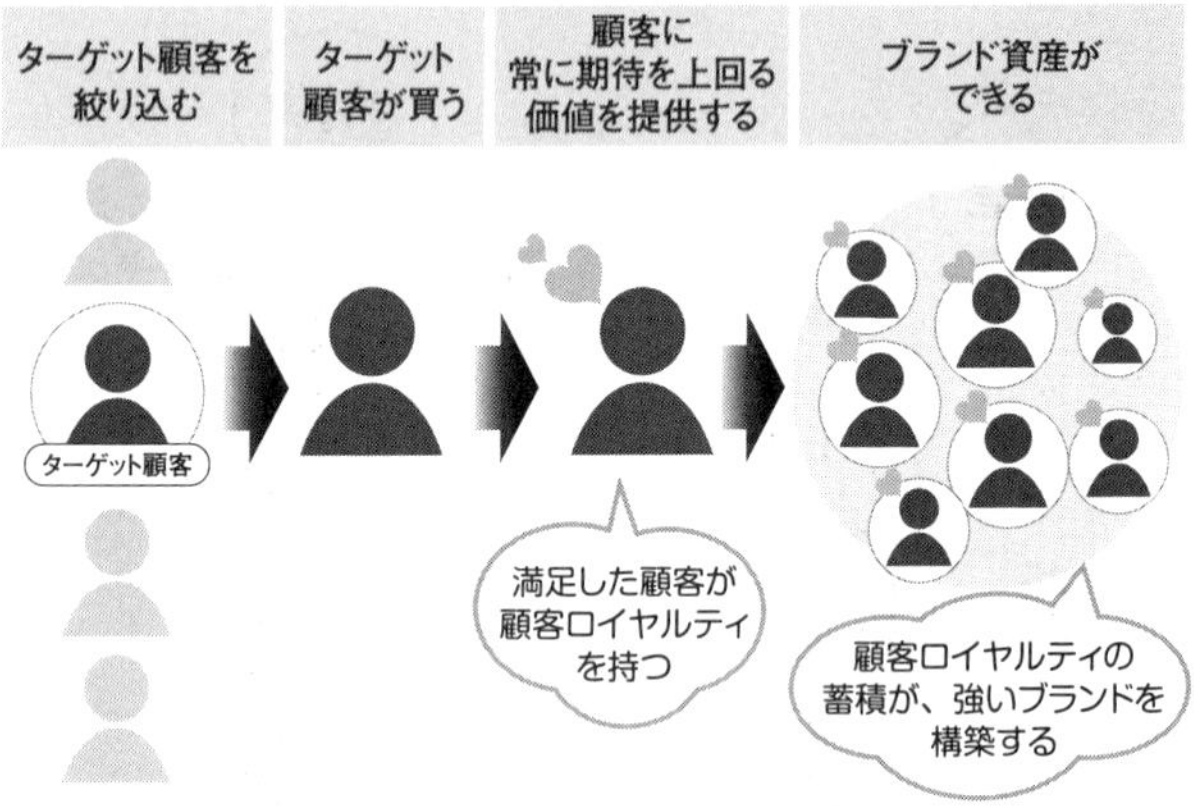
ターゲット顧客を絞り込む
ターゲット顧客が買う
顧客に常に期待を上回る価値を提供する
ブランド資産ができる
ターゲット顧客
満足した顧客が顧客ロイヤルティを持つ
顧客ロイヤルティの蓄積が、強いブランドを構築する

「言ったことは守る」という小さな事実の積み重ねでのみ、つくることができるのだ。

ブランドもまったく同じだ。

ブランドも顧客満足という事実の積み重ねでつくられる。そして多くの人々から「あの商品は満足度が高い」と思われれば、それがブランドになり、**ブランド資産**になる。ブランド資産とは、目に見えないお客さんの評判だ。

これを実現するには、顧客を絞り込むことも大切になる。

しかし世の中には有象無象の人間がいる。

この中からいかに顧客を絞り込むか？

そこで役立つのが第1章で紹介した、バリュープロポジションで考えるターゲット顧客だ。ターゲット顧客に買ってもらい、常に顧客満足を提供し続けることで、顧客ロイヤルティを生み出し、ブランド資産を構築する。

ブランドに頼るとブランドは崩壊する

この章ではベンツの広告をきっかけに、マーケティングで必ず考えなければならない**「顧客」**の考え方と、その顧客によってつくられる**「ブランド」**について考えてきた。

このブランドは、つくるのは大変だが、崩壊するのは一瞬。たとえてみれば、鍾乳洞にある鍾乳石のようなものだ。

石灰を含んだ地下水が、数千年から数万年という膨大な時間をかけてゆっくりと一滴ずつ滴り、徐々に鍾乳石が形作られ、巨大な鍾乳洞がつくられていく。

ブランドもこの鍾乳洞と同じだ。一滴の石灰水が、1つの顧客満足だ。

この顧客満足という小さな事実を、時間をかけて徐々に蓄積していくことで、強いブランドがつくられていく。巨大な鍾乳洞と同じく、強いブランドは顧客満足を地道に積み重ねた結果なのだ。

しかしブランドに頼りきり、お客さんの満足を考えなくなるとどうなるか？

鍾乳洞では、石灰水が枯渇すると石灰岩がつくられなくなる。そして鍾乳洞は徐々に崩壊する。ブランドも同じだ。顧客満足の蓄積を怠ったブランドは、徐々に崩壊する。

鍾乳洞は、大きなショックによっても一気に崩壊する。

これもブランドと同じだ。長年築き上げてきた強いブランドも、大きな不祥事や不正でお客さんを裏切ると、ブランドは一気に崩壊する。これに苦しむ会社は後を絶たない。

どのお客さんに価値を提供するかを考え、正しいお客さんを選ぶ。そしてそのお客さんに常に期待を超える価値を提供し、裏切らない。その蓄積がブランドをつくる。

第3章

雪の北海道でマンゴーを育てる?

――「商品戦略」と「顧客開発」

超巨大、真冬の北海道十勝産マンゴー

小雪がちらつく、ある日のこと。
都内のあるデパ地下のフルーツ売り場で、超巨大マンゴーに遭遇した。
大きめマンゴーの、さらに倍というビッグサイズ。
しかもすごく甘いらしい。
見るからに美味しそうだ。超レアもの、まさに垂涎《すいぜん》のマンゴーである。

季節は真冬だ。（海外のどこで取れたマンゴーだろう）と思って見たら、なんと「北海道・十勝産　白銀の太陽」と書いてある。私の頭の中は「？？？？？」だらけになった。

東京もかなり寒いが、北海道は想像もできないほど寒いに違いない。おそらくカチンカチンの氷の中にいる感じだろう。その北海道でなぜマンゴーなのか？
暖房をガンガンに効かせてビニールハウスで栽培すれば、確かに作れないことはないだろう。しかしわざわざ厳寒の北海道で、そこまでしてトロピカルフルーツの代表

格であるマンゴーを作る理由がまったくわからない。

しかも真冬なのに、こんなに大きく育っている。

何かの間違いではなかろうか? もしかしたら、九州か沖縄のどこかにたまたま「北海道十勝」という地名があって、真冬のネタ提供のためにこんな名前をつけたのではないか、とさえ思えてくる。

値札を見てさらに驚愕した。

「さ、さんまんえん?」

1玉3万円だ。私がスーパーで奮発して買うマンゴーが、1カ月間、毎日食べられる値段である。

十勝には真冬のマンゴーに最高の条件があった

1玉3万円もするので、おいそれと触ることもできない。

神々しく輝く巨大マンゴーのまわりで、私は上下左右に身体を動かしてマンゴーを観察しながら、「なぜこんなマンゴーがこの世にあるんだろう?」と考えていた。するとフルーツ売り場の人が、ニコニコしながら声をかけてきた。

「外国産よりもずっと美味しいですよ。濃厚な完熟マンゴーです」

「あの、これって、『北海道十勝産』って書いてありますけど」

「はい。正真正銘、北海道十勝産ですよ」

売り場の人はニコっとして答えた。

「冬の北海道で、どうやってマンゴーを作っているんですか？」

「不思議に思われますよね。実は夏場は、冬に降った雪で大型ハウスを冷やし、冬場は十勝温泉の温泉水でハウスを暖めることで、マンゴーに7月が冬で、12月が夏だと勘違いさせているんです。十勝は全国でも日照時間がトップクラスなので、冬は温泉水と太陽の光で完熟になり、最高の糖度ととろける味わいのマンゴーに育つんです」


なるほど、そういうことだったのか！

でも、まだ納得できないことがある。

「しかしなんでまたこの時期に、マンゴーと思ったんでしょうね？」

「マンゴーは贈答品でよく選ばれます。以前から私も『年末にマンゴーがあれば、売れるのになあ』と思っていました。だから十勝の人たちが、この時期にマンゴーを作ったと聞いたときは、嬉しかったですね」

冬場のマンゴーには、隠れたニーズがあったようだ。

しかしそれでもまだ疑問が残っている。

「でもマンゴーってそもそも南国のフルーツですよね。マンゴーを作ろうと思ったきっかけは何だったんですか?」

「あまり知られていないんですが、十勝は農業がとてもさかんです。豊富な日照時間と、豊かな自然のおかげです。食糧自給率も100%で全国では突出して高いんですよ。それに明治以来の開拓地なので、新しい農産物の開発にも積極的です。十勝の人が『何か新しい農産物を作ろう』と考えているところへ、マンゴーの本場である宮崎のマンゴー生産者から『十勝なら日照時間も温泉もあるから、冬場にマンゴーが作れるんじゃないか?』と打診があったのがきっかけだったそうです。マンゴーを流行らせたい南国・宮崎では、冬場は寒くてマンゴーは作れませんでした。だから宮崎のマンゴー生産者にとっては、クリスマスにマンゴーを出荷するのが長年の夢だったようです」

フルーツ売り場の人の話を聞いて、わかってきた。

「豊富な冷たい雪・温かい温泉水・日照時間」という十勝ならではの条件に加え、経験豊富な宮崎のマンゴー生産者からの強力なサポートのおかげで、北海道に真冬のマンゴーが生まれたのだ。まさに「白銀の太陽」という商品名そのものだ。

しかし宮崎のマンゴー生産者から見ると、十勝マンゴーの出現で、国内で強力なライバルが増えることにならないのだろうか？

実はまったく問題ないという。

宮崎のマンゴーは春から夏、一方の十勝のマンゴーは冬に出荷される。時期が違うので市場では競合しない。むしろ1年中マンゴーが食べられることでお客さんは増えて、マンゴーの需要も拡大する。

たとえば箱根には彫刻の森美術館、ポーラ美術館、MOA美術館……と、美術館がとても多い。一見、お互いに競争している。しかしいい美術館が増えれば、箱根に来て美術館をいくつも巡る観光客が増える。たとえば彫刻の森美術館にお客さんが来ると、ポーラ美術館に来るお客さんも増える。

このように他社商品が買われると、自分たちのお客さんもより高い価値を得る相手のことを、マーケティングでは**補完的生産者**と呼ぶ。

彫刻の森美術館とポーラ美術館はお互いが補完的生産者だ。そして異なる時期に出荷される宮崎マンゴーと十勝マンゴーも、互いに補完的生産者ということになる。だから「冬にマンゴーを食べる」という新しいお客さんを創造した十勝マンゴーの成功は、宮崎のマンゴー生産者にとって大歓迎なのである。

このように十勝マンゴーは、一見すると新しい農産物の商品開発だが、実際には冬にマンゴーを食べるという**顧客開発**を実現している。

十勝マンゴーは顧客を創造した

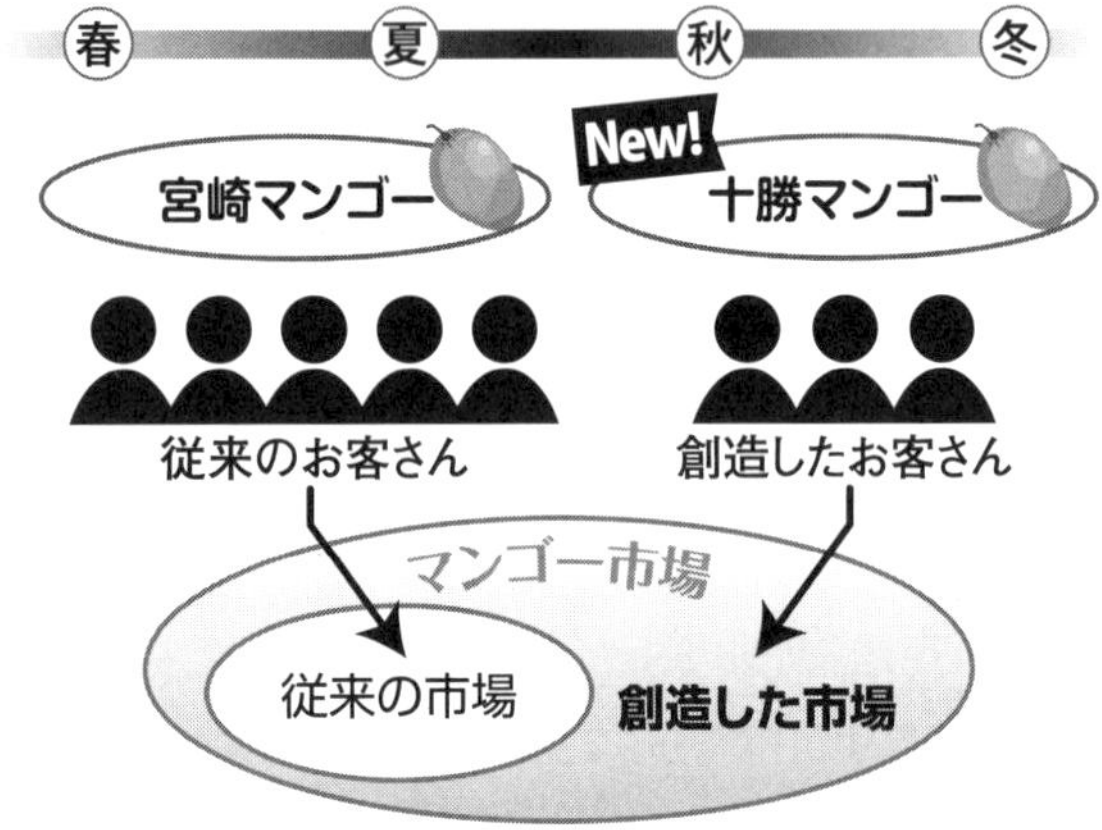

十勝マンゴーの挑戦は「商品開発」ではなく「顧客開発」

これまで冬にマンゴーを食べる消費者はいなかった。しかし十勝マンゴーはその常識をくつがえし、「冬にマンゴーを食べる」お客さんを創り出した。

ここは商品開発では絶対に外してはいけない、とても重要なポイントである。

商品開発というと、ものづくりを中心に考えがちだ。

しかし**商品開発の真の目的とは、商品を作ることではなく、商品を使うお客さんを創り出すこと**なのである。

「企業の目的は、顧客の創造である」と

商品開発の目的は顧客開発

いう、経営学者・ドラッカーの有名な言葉もある。まさに商品開発では、企業本来の目的である顧客開発を考えるべきなのである。

でも、中にはこう言う人もいるかもしれない。

「『顧客開発』って営業の仕事でしょ。自分の仕事は商品開発で営業じゃない」

これは違う。

顧客開発は営業だけの仕事ではない。お客さんを創り出し、価値を届けるのは、会社全体の仕事だ。

確かに商品開発では、まず商品を完成さ

せることを考えがちだ。しかし実際には商品開発という手段を通じて、顧客開発に深く関わっているのだ。

顧客開発の大切さは、**イノベーション**について考えるとよくわかる。「イノベーション」を辞書で引くと、最初に「技術革新」という言葉が出てくる。だから私たちはイノベーションとは新しい技術のことだと思いがちだ。しかしこれは英語であるイノベーションの日本語訳としては、必ずしも正しくない。

本来の「イノベーション」の意味は、価値を創り出して社会に変化を生み出すことだ。

たとえばiPhoneは、当時すでにあった技術の組み合わせで作られた。しかし「スマホ」という新しい使い方を普及させ、さまざまな新しいお客さんを創造し、世の中を大きく変えたイノベーションだった。

十勝マンゴーも、「真冬にトロピカルフルーツを食べる」というお客さんを生み出したイノベーションなのである。

では、十勝マンゴーのように成功する商品開発のためにはどうすればいいのか？

ここで大きなカギになるのが、お客さんのニーズの考え方だ。
これは次の3つのパターンにわけて考えるとよくわかる。

①お客さんも気がつかないニーズを捉える　↓成功する
②商品中心に考える　↓失敗する
③お客さんの言いなりになる　↓失敗する

お客さんも気がつかないニーズを捉える

商品開発を成功させるためには、お客さんを創り出すことが必要だ。そのためには最初にお客さんも気がつかないニーズを捉えることが必要になる。

昔の米国では「口臭」という概念があまり一般的でなかった。
しかし他人の口臭に悩む人は多かった。
せっかくいい印象なのに、実際に会うとひどい口臭というのでは、すべてが台無し

だ。そこでリステリンは、

「口臭で人間関係が悪くなります。口臭を予防しましょう」

と提唱し、「気がつかなかったけど、自分も口臭で迷惑をかけてるかもしれない」

というお客さんを創り出し、リステリンは世界的な大ヒット商品になった。

口臭といえば、私は会社員時代にこんな経験がある。

私の上司だった部長は、人格円満で誠実。仕事もできる素晴らしい上司だったが、1つだけ大きな欠点があった。口臭だ。魚が腐ったような激しい臭いがした。部長が笑うと、その口臭がさらに広がる。「あの口臭が苦手なので、部長を笑わせないようにしよう」という同僚すらいた。

実は部長の口臭がひどいことを、職場でただ1人知らない人がいた。その部長本人である。かくして部長は口臭をまきちらしつつ、部長席で幸せそうに穏やかにニコニコ笑っていた。

部長のようにひどい口臭の持ち主は、自分の口臭に気がついていないのである。

リステリンは、口臭の持ち主自身が気がついていないこの口臭問題を、したたかに商品開発につなげて口臭予防薬・リステリンを生み出し、「口臭を予防して相手に好印象を与えたい」というお客さんを創り出したのである。

いまにして思えば、部長の席にリステリンをそっと置いておけばよかったかもしれない。

臭いに関してお客さんが気がつかないニーズを捉え、お客さんを創り出したケースをもう1つ紹介したい。

人は歳を取ると独特の臭いを発するようになる。しかし口臭同様、この臭いは本人にはわからないし、自分がこの臭いを発していることを気にする人もあまりいなかった。

この臭いに化粧品業界や石けん業界は、「加齢臭」という名前をつけた。そして加齢臭を防止するシャンプー・石けん・サプリ・化粧品などのさまざまな加齢臭防止グッズが生まれた。

成功する商品は顧客を創り出している

お客さんが気がつかないニーズ	開発した商品	創り出された顧客
真冬にトロピカルフルーツを食べたい、あげたい	十勝産マンゴー	年末年始やクリスマスにマンゴーをあげる人、食べる人
口臭で人間関係を悪くしたくない	リステリン	口臭を予防することで、相手に好印象を与えたい人
周囲に年寄り特有の臭いを気づかれたくない	加齢臭防止グッズ	自分の臭いを気にする年輩者

その結果「歳を取っても老人臭くならないようにしたい」というお客さんを創り出し、商品はヒットしたのである。

ここまでの話をまとめると、上の図のようになる。

このように商品開発では、お客さんも気がつかないニーズを見つけ出して、そのニーズに応える商品を開発することでお客さんを創り出すのが、あるべき姿だ。

このとき大切なのは、あくまで主役はお客さんであり、商品は脇役、ということだ。

顧客開発につながる商品開発とは？

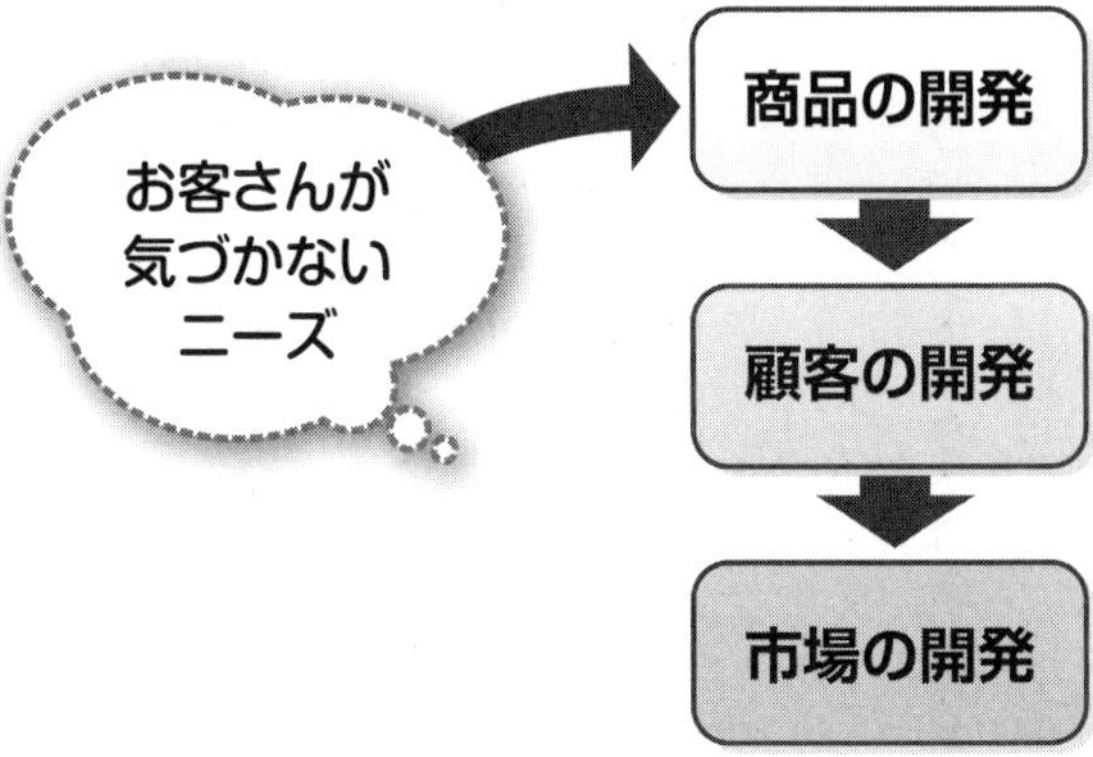

しかし「商品は主役ではない」というと、こんな反論がありそうだ。

「それって違うでしょ。商品にこだわって成功している会社だってあるよ」

確かに徹底的に商品にこだわり成功している会社はある。スティーブ・ジョブズがいた頃のアップルはまさにそんな会社だ。

アップルの新商品が発表されると、店には徹夜の行列ができた。

そのジョブズは、「お客さんの意見は一切聞かない」ことで有名だった。それもあって、「だから商品が主役でOKだ」

と考える人は意外と多い。

確かにジョブズは、商品に徹底的にこだわった。

でも同時に、実は彼自身が一番厳しいアップル商品のユーザーでもあった。彼はユーザー目線で開発チームに無理難題を言い続けた。ジョブズがいた頃のアップルの新商品は、彼の厳しいユーザー目線に合格したものだけだった。

ジョブズは決して商品中心に考えていたのではない。

むしろ常にお客さんの立場で考え、お客さんも気がつかないニーズを捉えることで、究極の顧客づくりを商品開発で実践していたのである。

商品中心のプロダクトアウトは失敗する

つい一昔前の携帯電話は、重くて分厚かった。

お客さんは、「もっと薄くしてほしい」と求めた。そこでメーカーは携帯電話をどんどん薄くした。

いまや一番薄い最新スマホは厚さ5ミリ以下だが、携帯電話メーカーは相変わらずコンマ数ミリの差を競い、薄さを売りにしている。しかしわれわれにとって、コンマ数ミリの違いは、ほとんど意味はない。それでも携帯電話メーカーはさらに薄くすべく、相変わらず開発努力を続け、薄さをアピールしている。

はじめは携帯電話メーカーもお客さんのニーズに応えるために薄くしていたが、いつの間にかお客さん不在のスペック競争に陥っているのである。

同じようなケースに、かつて業界の肝いりで開発した「3Dテレビ」があった。映像が立体的に見えるという売り込みで、家電売り場にも多く並んでいたし、3Dテレビ放送もあった。

しかしこれを見るには、3D観賞用のメガネが必要だった。これがないと変な二重写しの映像しか見えない。お客さんはメガネをかけてまで3D映像を見たいと思わなかった。その結果、いつの間にか3Dテレビは世の中から消えた。

このような商品開発を**プロダクトアウト**と呼ぶ。

主役がお客さんではなく、商品になっている。「お客さんのニーズに応える」という商品開発の目的を忘れ、**手段にすぎない商品開発が目的にすりかわっている。**こんな商品はお客さんにとって買う理由がない。だから失敗することが多い。

まるで「こんなプレゼントをあげると、憧れの彼女もきっと喜ぶはずだ」と考えて、自分の趣味でプレゼントを押しつける痛い男と同じである。

プロダクトアウトな商品開発は、商品開発チームが「いい商品を作るぞ」と考えるところからはじまる。そして商品を開発し、販売をはじめる。しかしお客さんは出来上がった商品を見せられても、何がいいかがよくわからない。「で？」というお客さんの反応があるならまだましで、ほとんどは無視されて終わりだ。

しかし商品開発チームは、（なぜ売れない……）と理解できない。そして「この次はもっといい商品を作るぞ」と誓う。この繰り返しがひたすら続く。ちなみに店で商

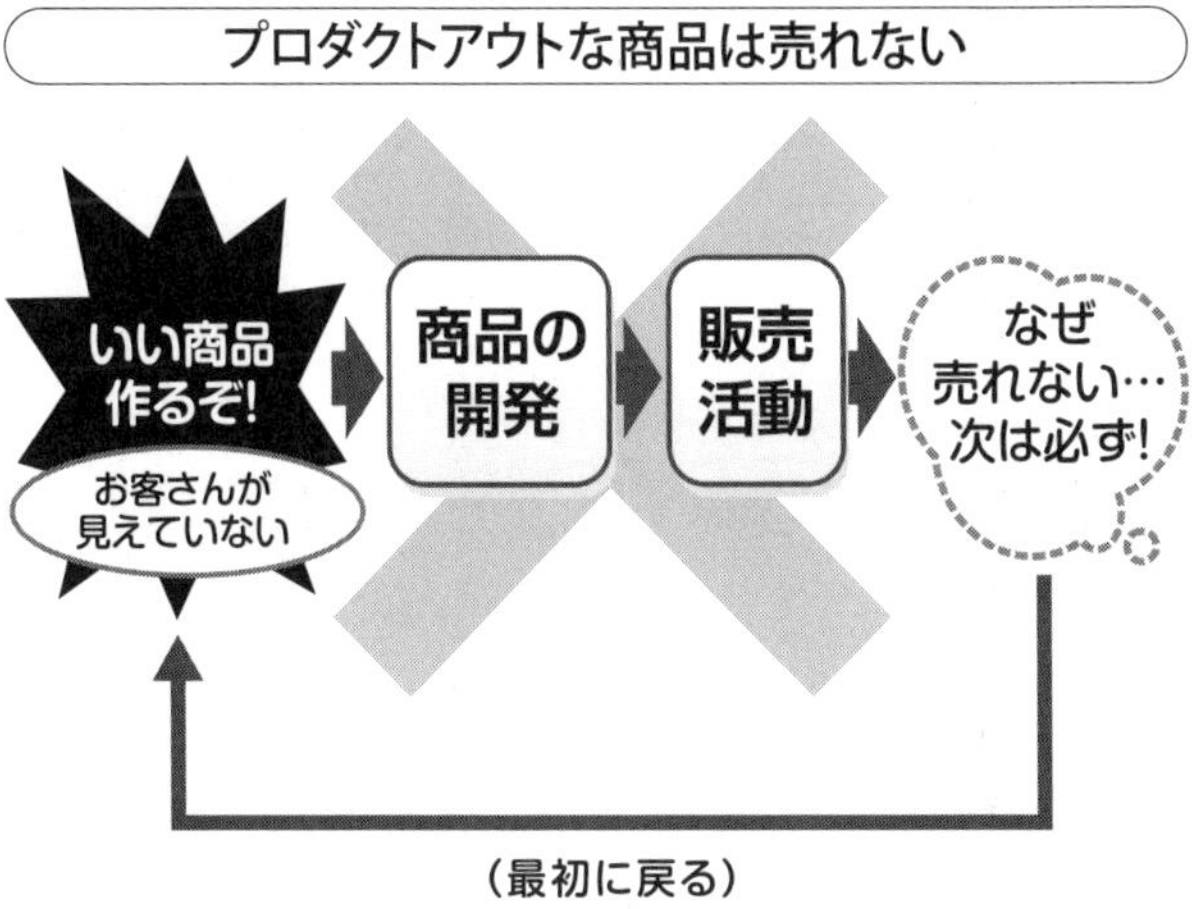

品を売っている人は、新商品を一目見れば「これは絶対売れない」とわかるそうだ。日々お客さんに接しているからだ。

20〜30年前は違った。

メーカーが「いい商品を作ろう」と思って作った商品は、そこそこ売れた。

昔はいまほど技術が進んでいなかった。だから世の中の商品は、性能も悪かったし大きかった。だからよりキレイな映像が映るテレビや、より小さい商品を作れば売れたのだ。

しかしそんな時代はとうの昔に終わっている。現代では、安い商品でも商品の性能は十分すぎるほど高い。だからお客さんが本当にほしいと思うものでなければ売れない。商品開発も、まずお客さんが何を必要としているかを考えることが出発点なのである。

重要なポイントなので繰り返すと、商品開発では、主役はお客さんであり、商品は脇役なのである。

では主役がお客さんであれば、お客さんが言うことをすべて聞けばいいのか？　これなら簡単そうだ。お客さんはいろいろなことを言ってくる。中には無理難題もあるが、できそうなことから対応していけば、なんとかなりそうだ。しかしこれもダメなのである。

お客さんの言いなりになると失敗する

ここで、あなたの家にあるテレビのリモコンを思い出してほしい。

もしいま自宅にいたら、実際に手にとってほしい。

おそらく何十個もボタンがあり、どのボタンが何かわからないだろう。

わが家のテレビのリモコンも同じだ。

ボタンの下に「副音声」「字幕」「1・3倍速再生」「30秒スキップ」と書いてあるし、さらに何に使うのかよくわからないボタンもある。すべて使いこなせないので、私がもっぱら使うのは、「電源オン」と見たい番組チャンネルのボタンだけだ。

お客さんのあらゆる要望に応え続けて、テレビのリモコンはボタンのお化けになり、使いづらいものになってしまった。

その結果、テレビが売れていればまだいい。しかしどのテレビメーカーも似たようなテレビを売るようになった。違いは価格だけ。そしてより安い中国製や韓国製のテレビに押されて価格勝負に陥り、日本のテレビメーカーはどこも苦しい状況で利益が出ていない。テレビを作るのをやめようと考えているメーカーもある。これが「お客さんの言いなり」になった末路だ。

逆にお客さんの言うとおりにせずに大成功したケースもある。

「たまごっち」というゲームを憶えているだろうか？　世界で4000万個も売れた、携帯型のペット育成ゲームだ。

たまごっちは、実はまだまだ流行っている。最新たまごっちはスマホ連携するし、街中に拡がっているタッチスポットで、たまごっちを育てるためのごはんやおやつ、洋服、さらにはクーポンまでゲットできる。たまごっち同士を結婚させて子どもを産ませて、自分だけのたまごっちを育てることもできる。

たまごっちが世に出てから20年以上。実に息が長いブームである。

このたまごっちが流行りはじめた頃、テレビ番組を見ていたら、こんなことがあった。

番組のスタジオで女性タレントと男性タレントが話をしている。話が盛り上がっている最中、いきなり女性タレントが「あ、ちょっと待って！」と男性タレントの話をさえぎり、ポーチから何やら出して操作しながら、こう言った。

「たまごっちに餌やらなきゃ」

たまごっちが出はじめた頃はこんな感じで、日本全国でブームが起こっていた。

この頃、たまごっちの営業がお客さんから、「一時停止ボタンをつけてほしい」という強い要望を受けたそうだ。確かに忙しいときに、たまごっちが餌をほしがるのは困りものだ。テレビ番組ならネタになるかもしれないが、会社で会議中にたまごっちに餌をあげたりすると、後で上司からお小言をもらうのは確実である。

しかし開発担当者は、「そもそも、飼い主の言うことをきかないのがペットだ」と答えて、要望には一切対応しなかった。「世話をする面倒くささ」というコンセプトを貫き、一時停止ボタンを入れなかったのである。

たまごっちが爆発的ヒットになり、いまだに売れ続けているのも、このコンセプトを徹底して貫いているからだ。もしお客さんの言いなりになって一時停止ボタンを入れていたら、商品コンセプトは中途半端になり、早々に消えていただろう。

プロダクトアウトに陥らないための魔法の言葉

この章では**「商品開発」**をテーマに、商品開発の目的である**「顧客開発」**の考え方を紹介してきた。そしていつの間にか、手段である商品開発が目的に替わってしまう怖さについて述べてきた。

私も商品開発をやっていたので実感するのだが、商品開発の現場では商品を開発することが常に頭の中にあるので、いつの間にかお客さんのことをすっかり忘れて、商品を中心に考え、「バカの壁」のようにプロダクトアウトに陥ることがとても多い。

このプロダクトアウトに陥らないようにするための2つの魔法の言葉がある。

「そもそも、お客さんって誰だっけ?」

「これってお客さんにとって、何がいいの?」

もし商品開発に行き詰まったら、この2つの言葉が必ずヒントになるはずだ。

プロダクトアウトに陥って、いつの間にか見失っていた顧客開発という当初の目的を思い出すためだ。常にお客さんの姿を頭の中に残して、商品開発を行いたいものだ。

第4章

あの行列のプリン屋が赤字の理由

——「価格戦略」

安くて美味しいのに赤字のプリン屋

その日の夕方、店には長い行列ができていた。

周りに何もない不便な場所なのに、お客さんは午後5時の開店時間を狙って並んでいた。

店は5時きっかりに開いた。

「1個150円、1日200個限定販売の手作りプリン」は飛ぶように売れていた。

中には1人で20個買う人もいる。

店長は1人で、ものすごい勢いでお客さんをさばいていく。

列の後ろに並んでいた私は、運よく最後のプリンをゲットできた。

あっという間に売り切れである。

私の後ろにいたスーツ姿の男性は「もう売り切れ？」と残念そうだ。

「150円の手作りプリン」という噂を聞きつけて並んだのだが、ラッキーだった。

夕食後、デザートで食べたらなかなか美味しい。超お買い得だ。妻も「美味しい！お手柄ね」と喜んでいる。

不思議なことにこの店は、平日だけの隔日営業である。

しかも開店は夕方で、あっという間に売り切れ、その時点で閉店だ。あの店長は普段は何をやっているのだろうか?

もしかしたら、どこかの会社が市場調査のために、採算度外視で売っているのではないか、とも思えてしまう。実際、企業が消費者の反応を見るために期間限定のアンテナショップをつくり、商品を販売することは多い。そんなアンテナショップは突然閉店したりする。そうなったら、せっかく喜んでいる妻に申し訳ない。

ある日、青信号で横断歩道を渡りながら、なにげなく止まっているトラックを見たら、なぜか運転席に店長がいた。お店のトラックではない。宅配業者のトラックである。

「店長、プリンも作らずに何やっているんだ?」

翌日の夕方、また店には行列ができていた。プリンが200個完売し、お客さんも消え、早々と店じまいしている店長に尋ねてみた。

「昨日、トラックを運転していませんでした？」

するとそれまで寡黙だった店長が、「あ、見ていたんですね。実は……」と、堰を切ったように話しはじめた。そして謎が一気に解けた。

「私は工場のエンジニアだったんですよ。でもプリンが好きで、『世界一美味しくて、安いプリンを作りたい』と、自己流でプリン作りを学んで独立したんです」

「それにしても安いですよね」

「工場ではコスト削減が仕事だったので、コストを削るのは得意中の得意です。食材にはこだわっていますが、それ以外は徹底的にケチっています。この場所は賃料が安いし、袋もスーパーで安売りしているビニール袋です」

「でもお客さんがこれだけ並ぶのはすごいですね」

「お客さんからは『もう売り切れ？』と残念がられています。本当は倍の400個は売れる気がするんですが、人も雇えないし朝から作り続けても200個が限界なんですよね」

「で、なんでまたトラックの運転を……？」

「実は赤字なんですよ。だからトラックの運転をして補填しています」

150円プリンの裏には、店長の人知れぬ努力があったのだ。思わず尋ねた。

「ところで、150円にした理由は何ですか？」

店長は笑って答えた。

「手作りプリンは安くても200円位ですよね。でもこの前、スーパーでプリンを150円で売っていたんです。『それなら150円で美味しい手作りプリンを作ってやろう』って思ったんです」

疲れは隠せないが、（好きなことでお客さんが喜んでいる）という高揚感か、店長の顔は晴れ晴れとしている。

「やっぱり美味しいプリンを安く提供して、お客さんに喜んでほしいですからね。赤字だし休みも取れないけど、やりがいありますよ！」

店長の努力には敬意を表しつつ、でも私はこう思わざるを得なかった。

（うーん、何か間違っている……）

それは**価格戦略の問題**だ。

価格を間違うと会社は潰れる

店長は「世界一美味しくて安いプリンを作りたい」と考え、その第一歩として150円のプリンを実現し、これを目当てにたくさんのお客さんが行列している。これは素晴らしいことだ。

問題は、利益度外視で安さを実現していることだ。

ここでもしもあなたが、「自分を犠牲にしてまでお客さんのためにスーパー並の価格でプリンを安く提供しようと頑張っているなんて、美しいじゃないか！」と思ったとしたら、要注意だ。


会社を続ける上で必要なのは、お金だ。あらゆることにお金がかかる。

店長の場合、店の家賃、光熱費や水道代、プリンの原材料である卵や牛乳。さらに忘れてならないのが、店長の人件費。店長もカスミを食べているわけではない。生きるためにお金が必要だ。

でもお金は無尽蔵にはない。だから会社は、売上をあげるために必要なお金を払った上でお金を残さないと、倒産してしまう。残ったお金が利益だ。いくらお客さんが喜んでも会社に利益が残らなければ、商売は継続できない。

利益とは、売上からコストを差し引いた残りだ。

> 利益 ＝ 売上 － コスト

コストとは、売上をあげるためのあらゆる費用の合計をいう（会計上、コストは売上原価や一般管理費などにわかれるが、本書では簡略化のためにすべてまとめて「コスト」という）。

店長の店にあてはめると、売上よりもコストが大きく、赤字になっている。

確かにムダなコストは徹底的に削減しているが、それでも赤字なので、トラック運転手の仕事で補填している。休みも取っていないし、こんな無理はそう続かない。そのうち身体も壊すだろう。そうなるとプリン屋は閉店だし、何より大きな問題は、いくら頑張っても、この状況が変わらないことだ。

こんなとき、私たちはこう考えがちだ。

「コスト削減はもう限界。価格はこれ以上下げられない。もう他にはやりようがない」


でもこれは違う。

コストと価格はまったく別モノ、と考えると打開策はある。一言でいうと、**「コストは事実、価格は戦略」**なのである。

コストは常に下げる努力が必要だ。

しかし価格は戦略次第で変えられる。安く売る戦略だけでなく、高く売る戦略もある。

店長は、**マーケティング発想で価格戦略をじっくりと考えるべき**なのだ。

価格を決める2つの方法

価格戦略の第一歩は、どんな価格に設定するか、だ。

価格設定では代表的な方法が2つある。

コスト基準型価格設定（以下、**「コスト基準型」**）と価値基準型価格設定（以下、**「価値基準型」**）だ。

①コスト基準型

最初に「こんな商品を作りたい」と考えコストを見積もり、そこに利益を足して価格を決める方法だ。たとえば80円で作った商品に利益20円を上乗せして、100円という価格を決める。これのいい点は価格を簡単に決められることだ。だから広く使われている。デメリットは、他社の価格を考えていないこと。いまのお客さんは他社の価格もよく知っている。だからこの方法で決まった価格を「割高」と感じると「その値段ってどうなの？」と思われ、売れないことも多い。

②価値基準型

店長の価格の決め方はこっちだ。最近注目されている方法である。

これはコスト基準型とは逆に、最初に「150円で美味しいプリンを作ろう」などという形で価格と価値を決めてしまう。そしてそこから利益を差し引き、残ったコストの範囲内で商品を作る。いい点は、顧客視点で価格を決めるので、お客さんのニーズを捉えやすいこと。デメリットは、コストの範囲内で商品を作るのは意外と難しいことだ。

では店長がどこを間違ったかをチェックしてみよう。

店長は「150円で美味しいプリンを提供したい」と考えた。

次にこの価格から利益を差し引き、残ったコストでいかにプリンを作るかを考えた。

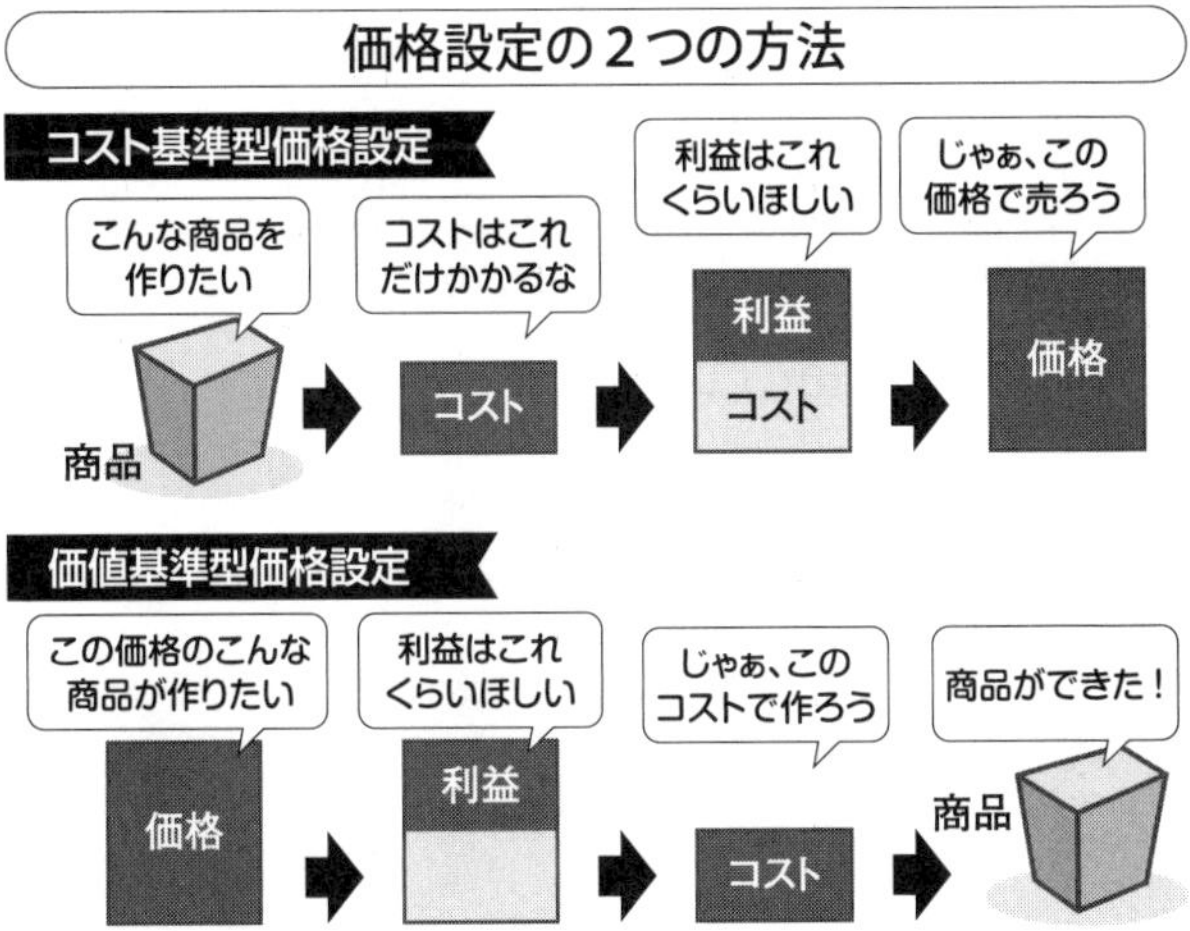

店長はまずここで間違っている。

赤字になったということは、この段階ですでに利益を考えていなかったということだ。さらにはコストに自分の人件費も入れず、トラック運転手の仕事で生計を立てている。

本来は利益も自分の人件費も確保した上で、プリンを売るべきなのに、これができていない。つまり、価値基準型が破綻しているのだ。

だから休みも取れないほど忙しいのに、赤字続きの体力消耗戦に陥っている。

店長のような状況に陥っている会社は、日本では実に多い。「お客さんのため」

と思ってひたすらコストを削減し、人件費も削り、安く売る戦略をとったあげく、全然儲からないのである。

もう1つ大きな問題がある。行列に並んでも、買えないお客さんがいることだ。

「行列もできているし、プリンも完売。万々歳じゃないか」

と考えるのは、売る側の考えである。

お客さんは「この店のプリンを食べたい」と、長時間行列している。それなのにすべてのお客さんの思いに応えていない。

ちなみに店長は「400個売れるけど、200個作るのが限界」と言っている。つまり、追加で200個を売る機会を失っている。これをマーケティングでは**機会損失**と呼ぶ。

「なんで損失なの？　何も失っていないじゃないか」

と思うかもしれない。でも、もしプリンを400個用意できていれば、買えなかったお客さんは無事プリンをゲットできるし、店長も200個分の追加売上が得られる。

400個用意していないばかりに、両方とも失っているのだ。これが機会損失だ。

機会損失は目に見えない。さらに売る立場では、商品完売はとても気持ちがいいものだ。だから機会損失には、なかなか気がつかない。

ここでいったんポイントを整理する。

問題は次の2点だ。

> コストを徹底的に削減しているのに、赤字から抜け出せない

> お客さんは多いのに生産が追いつかず、1日200個の機会損失を生んでいる

「俺の――」はなぜ激安なのか？

モノを売るとき、店長のように価値基準型をとるならば、決められたコストの中でいかにやりくりして商品を作るかを考えることが必要になる。

価値基準型で大成功したケースがある。「俺のフレンチ」「俺のイタリアン」で有名な「俺の株式会社」（以下「俺の――」）だ。

高級フレンチで1皿3000円のメニューがここではたった600円。高級食材を圧倒的低価格で食べることができる。

しかも利益を出している。その秘密が「回転数」だ。

回転数とは、要は1日で店のお客さんが何回入れ替わったかという数字で、1日の総来店客数を店の総席数で割ったものだ。高級フレンチでは、一晩で4人席に2人しか座らないこともある。これだと0・5回転。一方、「俺の――」では、どの店も1日3回転以上だ。

狭い場所でも多くの客が入るよう、また早く入れ替わるようにするために、「俺の――」は立ち食い形式を導入することで回転数をあげている。だから高級フレンチよりも売上は大きいし、一流シェフによる超高級食材を驚くような格安の価格で提供しても利益が出る。

価値基準型で整理すると、「俺の——」はまず格安で高級フレンチを提供しようとした。そして必要な利益を確保した上で、残ったコストでいかに料理を出すかを考えた。その答えが「回転数」だ。そこで高回転数を実現するために、立ち食いで食べてもらうことで、お客さんを増やす戦略を選んだのだ。

「俺の——」が高級フレンチと同じことをして価格を下げるという無理は続かない。だからこの店では無理な努力はせず、ゆっくり座って食べるのは諦めてもらう代わりに、超格安で料理を提供する戦略を選択した。その結果、超格安でも利益を出し、商売を継続できる道を見つけたのだ。

一方の店長は、休みも取らず、無理をしている。その努力は尊いがすぐ限界がやってくる。

150円で2倍売れば成功か？

店長が価格戦略を見直せば、この状況を解決することができる。方法は2つだ。

1つ目の方法は、これまでどおり150円で売るという価格戦略をとりながら、利益と人件費を確保することだ。実はこれは難しくない。1日200個の機会損失が出ているからだ。

バイトを雇って2倍の400個のプリンを作り、機会損失をなくせば、利益が出る（図参照）。会計的に見れば、これで赤字を解消できるので合格点だ。

しかしマーケティング的に見ると、これではまだ30点の落第点だ。

価格はお客さんへの大切なメッセージだ。

「150円のプリン」と聞いたとき、人は「安い」というイメージを持つ。

そうなるとせっかく美味しくてもどうしても「安さ」が目立ち、味がわかる人より安さ目当てのお客さんを呼び込み、安物イメージから抜け出せなくなってしまう。つまり店長のプリンは150円という「値段」にすることで、「美味しさ」というブランド価値をわざわざ減らしているのである。

プリン屋の価格戦略① 2倍売って黒字化する

	現状 150円で200個売る	改善策1 **150円で400個売る**	
1日販売数	200個（月2000個）	**400個（月4000個）**	2倍売る
売上（月）	30万円	**60万円**	売上2倍
コスト（月）			
原材料	5万円（25円/個）	10万円（25円/個）	
家賃/光熱/水	15万円	15万円	
人件費（店長）	20万円	20万円	
人件費（バイト）	----	**10万円**	バイト1人採用
合計	40万円	55万円	
利益	-10万円	**+5万円**	黒字化

（隔日の平日営業なので、月10日営業と想定）

店長は「世界一美味しくて、しかも安いプリンを作りたい」と考えてプリン屋をはじめた。でもマーケティング的に考えると「安さ」と「ブランド」の両立は難しい。

たとえばユニクロは「安さ」を武器に業績を伸ばしてきたが、あるときブランド重視路線に切り換えて値上げした。でもお客さんが持っていた「ユニクロ＝安い」というブランドイメージを変えることができずに顧客離れが起き、業績が落ちてしまった。結局ユニクロは、低価格路線に戻さざるを得なかった。「安い」

ものは、結局「安物」に見られるのである。

店長のプリンは、スーパーで売っているプリンと同じ価格ということは、いくら質がよくても、スーパーで売っているプリンと同等に見られ、スーパーで売っている安いプリンを買う客層を呼び込むことになってしまう。

店長が「150円でかつ美味しい」を売りにすると、「安さ目当てのお客さん、来てください」と大声でアピールしていることになるのだ。このままでは「安い」イメージが定着し、より安いプリンが登場するとすぐに客を奪われる。つまりマーケティング的には安さを目立たせるのは止めるべきだということだ。

「高いけど最高に美味しいプリン」という戦略

そこで提案したいのが、もともと店長が考えていた「世界一美味しいプリン」を目指す2つ目の方法だ。たとえば、「500円で最高に美味しいプリン」を作る。

この価格戦略を会計的に整理すると、次の図のようになる。

プリン屋の価格戦略② 最高に美味しいプリンをつくる

	現 状 150円で200個売る	改善策1 150円で400個売る	改善策2 500円で200個売る
1日販売数	200個（月2000個）	400個（月4000個）	200個（月2000個）
売 上（月）	30万円	60万円	100万円
コスト（月）			
原材料	5万円（25円/個）	10万円（25円/個）	**50万円（250円/個）**
家賃/光熱/水	15万円	15万円	15万円
人件費（店長）	20万円	20万円	20万円
人件費（バイト）	----	10万円	----
合 計	40万円	55万円	85万円
利 益	-10万円	+5万円	**+15万円**

原価10倍の材料

黒字化

（隔日の平日営業なので、月10日営業と想定）

全体のコストのうち、店の賃料、光熱費、水道代、人件費などは、価格が上がっても変わらない。だから価格を500円にすれば、原材料費にふんだんにお金がかけられるようになる。この例では150円のプリンの10倍だ。

こうすれば最高級の卵、牛乳、砂糖、バニラなどを使うことができる。店長の腕ならば、ふんだんに食材にお金をかけて、世界最高のプリンだって作れるかもしれない。

これをマーケティング的に見ると、150円のプリンを買うとき、お客さんは

プリン屋のブランド戦略

	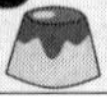 商品を売る 150円で400個	 体験を売る 500円で200個
売っているもの	「150円にしては美味しい」という**商品**	「最高に美味しいプリンを食べる」という**体験**
ブランド名	（特に考えない）	プリンファクトリー
ブランドストーリー	（特に考えない）	なぜ美味しいのかを伝える
集まるお客さん	安さ目当て 安いことを重視	美味しいプリンを 何が何でも食べたい 価格は気にしない
顧客ロイヤルティ	低い	高い
経営安定度	低い	高い

「１５０円にしては美味しい」商品を買っている。

一方、５００円のプリンが提供するのは、「最高に美味しいプリンを食べる」という体験だ。

この体験は他では得られない。だから店長のプリンはブランドになりうる。ブランド体験には、それをすぐに思い出せるブランド名が必要だ。たとえば店長が工場出身なので、「プリンファクトリー」なんてブランド名をつけてもいいかもしれない。

そしてこの「プリンファクトリー」が美味しい理由を伝えるブランドストー

リーもつくる。たとえば、店長厳選の最高の食材をたっぷり使用し、秘伝レシピで丁寧に時間をかけて蒸し上げることで、極上の食感と濃厚な味わいのプリンに仕上げていること。さらに最高級名古屋コーチンの卵、自然放牧で育てられたジャージー牛から絞られた岩手県産牛乳、さらにタヒチ産の有機栽培バニラビーンズと有機砂糖といった最高級の食材を厳選して使用していること、などを伝える。

こうして「最高に美味しいプリンを食べる」というプリンファクトリー体験に満足したお客さんが増えれば、次第に「プリンファクトリーは美味しい」という強いブランドがつくられていく。このブランドを求めて行列するお客さんは、安さで商品を選ばないお客さんだ。第2章で紹介した顧客ロイヤルティも高い。このようにマーケティング的に価格戦略を考えられると、経営は安定する。

価格戦略の考え方

ここまで価格を変えることを中心に考えてきたが、店長のプリン屋を繁盛させるためには、マーケティング的には他にもさまざまな価格戦略がある。いくつか紹介しよう。

①トッピングをつける

アイスクリーム屋で、「トッピングなさいますか？」と聞かれたことはないだろうか？　これを聞かれると、つい、何かつけてしまう人も多いかもしれない。お客さんの何割かがトッピングを載せるだけで、バカにできない売上増になる。しかもトッピングは安いので、利益率はとても高い。

店長のプリン屋も同じだ。プリンにチョコやフルーツをトッピングするというちょっとした手間をかけるだけで、新商品を作るのと同じ効果が得られ、売上と利益を増やすことができる。これを**オプション製品の価格設定**という。

世の中をよく見ると、この価格設定はいろいろなところにある。たとえばスポーツクラブでウェアの着替えやタオルを別料金に設定しているのも同じだ。「付加価値」というとなんだかすごそうに聞こえるが、実はこんなちょっとしたことも立派な付加価値だ。このようにして実質的に単価をあげる価格戦略もある。

②プリン教室を開く

店長が作るプリンが大好きな人たちにプリン教室の案内状を配り、営業していない昼間にプリン教室を開催する方法もある。

1回2時間で料金5000円という価格戦略をとると、5人集まれば売上は2万5000円だ。お店を使えば場所代は不要だ。食材も使えるのでコストは微々たるものになる。売るプリンの仕込みをしながら説明すれば、お客さんはライブ感が楽しめるし、店長も時間を有効利用できる。売上のほとんどが利益になれば、トラックの運転手よりも儲かるし、プリンのファンも拡大する。

③レシピを出世払いで売る

店長が独自のプリン作りのノウハウを持っていれば、店長の秘伝レシピに値段をつけて、他のプリン業者に継続的な指導込みで売る戦略もある。

でもレシピを教えてレッスン料をもらうだけではもったいない。そこで、習った店から売ったプリンの売上の数%を徴収する方法を提案したい。

習った店は出世払いになるので、物入りになる開店費用が削減できる。店長は1回教えれば、その後は適宜アドバイスするだけなので、教えた店がプリンを売り続けると店長にも継続してお金が入る。指導先が増えれば安定したビジネスに育つ。スキルが高い店には、「プリンファクトリー」の姉妹店としてブランドを使用できるようにさせ、さらにブランド使用料を徴収してもいい。

店長は金策に走る必要がなくなるし、何より店長の「世界一美味しいプリンを多くの人に食べてほしい」という想いも実現できる。

これら3種類のマーケティング的な価格戦略をすべて組み合わせることで、店長のプリン屋は高収益ビジネスに化ける可能性もあるのだ。

価格戦略はビジネス戦略だ

本章では**「価格戦略」**について紹介してきた。

重要なのは、**価格は戦略次第でいかようにも変えられる**ということだ。

最安値で売るのも戦略だし、逆に高価格で売るのも戦略だ。

最安値で売るには「俺の——」が高級フレンチを圧倒的低価格で提供しているように、利益を削らずしっかり確保した上で、いかに残ったコストを使うか知恵を絞って考える。

高価格で売るには、「500円プリン」のように、いかに高い価値を生み出してお客さんに満足を届けて、ブランド体験をつくり出していくかを知恵を絞って考える。

さらにトッピング、プリン教室、レシピを売るなど、発想次第で、収益源をいろいろと増やす戦略をとることも可能だ。

価格戦略を十分に考えずに、「スーパーのプリンが150円だから、ウチも150円にしよう」と安い値段をつけてしまうと、店長のように苦労してしまう。

商売が収益をあげて継続でき、成功するかどうかは、価格戦略次第、マーケティン

グ次第。

しかし残念ながら、多くの会社がこの価格戦略を十分に考えていないのが現実である。だから「忙しいのに、低収益」に陥っている企業が多いのだ。

価格戦略は、ビジネス戦略そのものだ。

じっくり考えた上で戦略的に価格を決めることが、商売を継続し発展させるためにはとても大切なのである。

第5章

なぜセブンの隣にセブンがあるのか？

――「チャネル戦略」と「ランチェスター戦略」

狭い地域にどんどん集まるセブン-イレブン

私は地図を頼りに知人の家に向かっていた。

駅を降りて改札を出て2分ほど歩いたら、セブン-イレブン（以降セブン）があった。

その角を曲がったら、またセブン。

国道に出たら、今度は道を挟んで向かい合わせにセブンが2店舗。

徒歩10分の間に、なんとセブンが4店舗もある。

「狭い地域に4店舗もあったら、お客さんを奪い合ってしまうんじゃないか」「そもそも狭い地域に密集させるより、せっかく同じ数の店を出すなら、広いところに分散させる方が効率的なんじゃないか」と思えてしまう。

ではセブンが本当に効率が悪いかというと、実際にはまったく逆だ。

コンビニ業界で、セブンはダントツの絶好調である。

国内売上第1位だし、店舗当たりの1日の売上は、他社コンビニより10万円も高い。

一見すると非効率なのに、業績は絶好調。これは不思議だ。

私たちは、いろいろな**「チャネル」**で商品を買う。

チャネルとはお客さんが商品を買う「窓口」のことだ。

たとえばミネラルウォーターは、いろいろなところで売られている。私はコンビニで買うことが多いが、自販機で買う人もいるし、スーパーでまとめ買いする人もいる。たくさん買うと持ち帰るのが大変なので、ネットで買って配達してもらう人もいるだろう。

つまりミネラルウォーターは「コンビニ」「自販機」「スーパー」「ウェブ」といった複数のチャネルを持っていることになる。その他、チャネルといえば、ジャパネットたかたのように電話でお客さんに対応するコールセンター、さらにはお客さんを訪問するセールスマンなどもある。

セブンのような店のことも、マーケティングではチャネルと呼んでいる。

これは商品を売る側から考えると、お客さんに合わせてチャネルを用意しているということだ。

テレビの「チャンネル」も、「チャネル」と似た言葉で、英語の語源は同じだ。日

チャネルとは？

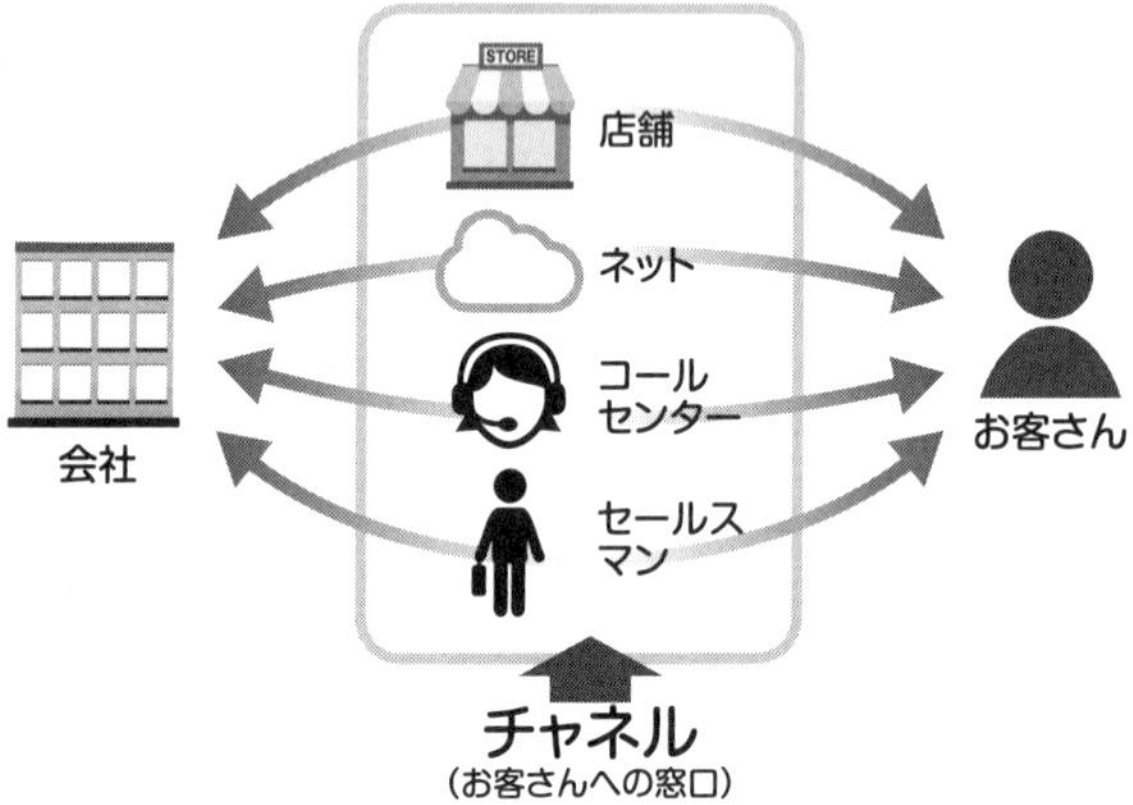

本語に訳すとき、何かの事情でこうなったのだろう。

私たちがテレビを見るときおもしろそうなチャンネルを選んでテレビ局とつながるように、お客さんも商品を買うとき好きなチャネルを選び、そこからモノを買う。

ちなみにかつての丹波哲郎のように「自分は霊界と通信できる」という霊能者のことを「チャネラー」と呼ぶが、これは「霊界へつなぐ窓口になる人」という意味だ。

商品を売る側は、どのようなチャネルを用意すれば、お客さんをより広く深くカバーでき、売上があがるかを考える。これが**チャネル戦略**だ。

これをきちんと考えないと、チャネル同士で同じお客さんを奪い合ってしまうことがある。


たとえば学生の頃、こんなことがあった。

写真部所属だったので、よくカメラを買っていた。

学生だからできるだけ安く買いたい。

当時一番安かったのは、新宿にあるカメラ安売り店。

しかしいまと違って価格比較サイトなんてない。そこで最安値で買うためにこんな方法があると教えてくれた友人がいた。

まず「○○カメラ東口店」で価格交渉をする。安値を引き出したら、「ちょっと他のカメラ屋さんにも聞いてきます」と言い残し、同じ「○○カメラ」の西口店で価格交渉するのだ。「東口店ではこれだけ値引いてくれるそうです」と言うと、必ずそれ以上の値引きをしてくれる。

興味深いことにライバル店ではなく、同じ「○○カメラ」の系列店同士で見積もり交渉する方が、お互いに「絶対負けられない」とばかりにどんどん安くなる。○○カメラ社内の店舗同士で激しい売上競争をしていたからかもしれない。

このように、同じチャネル同士で無用な争いをしてしまうことを、マーケティングでは**チャネルコンフリクト**と呼んでいる。

当時の「○○カメラ東口店」と「西口店」は、○○カメラ全体で見るとチャネルコンフリクトを起こしていたのである。

狭い地域に4店舗もあったセブンも、チャネルコンフリクトを起こしているように見える。しかし実はセブンは、チャネル戦略を考えた結果、あえてこの戦略を選んでいるのだ。

セブンが密集して店を出す理由

こんな経験はないだろうか？

コンビニに入り、雑誌のコーナーに直行する。

お目当ては心待ちにしていた、今日発売の雑誌。

あとで外出のついでに書店で買ってもいいのだが、待ちきれず自宅から30秒のコンビニに来たわけだ。でもお目当ての雑誌はない。

(ないなぁ。どこにあるのかなぁ)とつぶやきながら、目を皿のように数分間探すが、どこにもない。まだ入荷していないのか、あるいは在庫切れなのか。

(仕方ない。あとで本屋で買おう)とあきらめ、何も買わずに店を出る。


コンビニでお目当ての商品が品切れしていて、何も買わずに店を出るという経験は、誰にでもあるはずだ。これは店から見れば、本当はあがっていたはずの売上を、知らぬ間に失っていたということだ。第4章で紹介した機会損失である。

セブンはこの機会損失を、何よりも嫌う。

そこで商品を1品ずつ管理して、売れ筋商品を欠品しないようにしている。

さらに1日に何回もマメに商品を補充する。

実は商品をマメに補充することと、店舗の出店場所は深く関係し合っている。そしてセブンのチャネル戦略はこれをベースに考え抜かれている。
セブン10店舗を展開する2つのケースで見てみよう。

【ケース1　広域に分散展開する】

「広域をカバーしよう」とばかり、10店舗を広く展開すると、商品配送はまさにその地域の大横断プロジェクトになってしまう。配送距離も長くなるし時間もかかる。これを1日に何回もやったら大変だ。配送中に新鮮な食材の鮮度も落ちてしまう。

【ケース2　狭い地域に集中展開する】

10店舗を狭い地域に集中させれば、配送はとても楽になる。地域にある10店舗をトラックで巡回するだけだ。時間も距離も短くてすむ。1日に何回も配送するので、時間や手間を大きく削減できる。食品の鮮度も保てる。

「人生で迷ったら、あえて苦難の道を選べ」と言われる。

ドミナント方式とは?

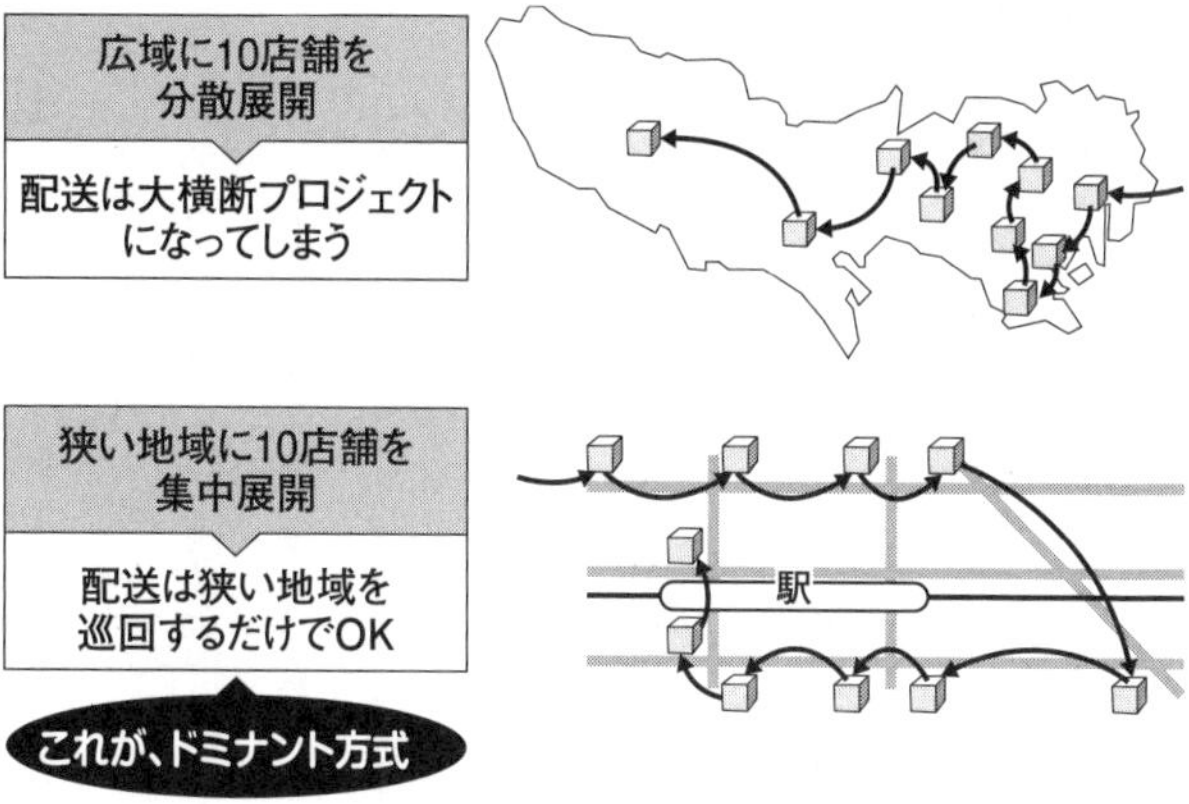
広域に10店舗を
分散展開
配送は大横断プロジェクト
になってしまう
狭い地域に10店舗を
集中展開
配送は狭い地域を
巡回するだけでOK
駅
これが、ドミナント方式

人生に限れば、私もそう思う。

しかしビジネスの世界は違う。同じ結果になるのなら、楽できる方が絶対にいい。少ないコストで速く売上をあげられるからだ。余分な努力をするなら、別のことをすべきだろう。

セブンも同じように考えたのか、「だったら、狭い地域に店をまとめてしまえ」と店を密集させた。

これを**ドミナント方式**という。

ドミナント方式は、他にもメリットがある。

地域に深く浸透できるのだ。

地域の状況に合わせて、たとえば地域

限定で「おにぎり100円セール」とか「おでん特売日」のようなキャンペーンを行えば、その地域にあるすべてのセブンにお客が集まる。地域の人たちにとっては至る所にセブンがあるので、親近感を持ちやすく、広告効果も高い。もしも広域に出店していたら、ある地域で広告をうったとしても、その影響が及ぶのは数店舗になってしまう。しかし集中的に出店すると、広告の影響が及ぶ範囲が広く、高い効果を見込めるため、広告コストが下がる。

このように、**ドミナント方式はセブンの重要なチャネル戦略**だ。狭い地域に密集したセブンは、一見非効率だが、実はとても理にかなっている。そしてこのドミナント方式のおかげで、セブンは巨大スーパーイオンをも圧倒している。

「強者の戦略」と「弱者の戦略」

「あのイオンのような巨大スーパーに、小さなセブンがどうやって勝つの?」と思うかもしれない。

以前住んでいた地域にイオンがあった。巨大な店内には見渡す限り商品が並んでいる。しかも安い。週末になると家族連れで大賑わいだ。

一方、自宅近くのセブンはずっと小さい。狭いコンビニに並べられる商品数も、イオンと比べるとはるかに少ない。しかもイオンよりやや高めだ。

しかし強者には強者ならではの、弱者には弱者ならではの戦い方がある。

それを教えてくれるのが**ランチェスター戦略**の**「強者の戦略」**と**「弱者の戦略」**だ。

ランチェスター戦略は、もともと戦争に勝つための戦略から生まれたもので、これをベースにビジネスで勝つ定石を考える方法論として、日本で発展した。

イオンとセブンは、それぞれ強者の戦略と弱者の戦略で、チャネル戦略を考えている。

イオンの「強者の戦略」

イオンが巨大なのは、**「強者の戦略」**を極めることで、チャネル戦略を考えてきたからだ。

もし旅行する機会があったら、旅先でイオンに入ってみてほしい。イオンは全国どこもそっくりだ。店のデザインも同じなら、並んでいる商品も同じ。おそらく近所にあるイオンと見分けがつかないはずだ。これはイオンが強者の戦略を徹底しているからだ。

強者の戦略の基本は、「広域で戦う」「総合力で戦う」「遠隔戦」だ。

イオンは全国に店をつくり、**「広域」**で戦っている。大量に商品を売るので、業界最安値で仕入れ先から商品を調達できるため、これで敵に勝つ作戦だ。

また、豊富な品揃えという**「総合力」**も武器にしている。大量に商品を仕入れる本部が全店の品揃えを決めるので、どの地域にあるイオンも品揃えが統一され、日ごろイオンを使う人にとっては「イオンに行けばいつものものが必ずある」安心感がある。

そして**「遠隔戦」**で戦っている。地域に巨大店舗をドンとつくり、遠方までチラシをまいて、大量のお客さんに来てもらう、この3つの戦略でイオンはライバルとの差別化を図っている。

店に安く豊富な商品を並べるというのは、まさに強者の戦い方だ。
だからイオンは成長した。

一方で限界もある。いくら安くても、ほしくないものは買わないというお客さんは確実にいるし、そもそもお客さんがほしいものが、全国どこでも同じということもなくなってきた。

社会人1年目、こんなことがあった。
全国から同期が東京に集まり、研修を受けた。
昼食でかけそばを食べに行ったら、関西の同期が、こういった。
「このそばつゆ、ほとんど醤油やん。まっずぅ」
と、彼は食べずに残してしまった。
関西は昆布だしを使った薄口が当たり前。
関東風の醤油と魚だしを使った濃口は、彼らには醤油そのものだったのである。
日本は狭いようで、地域によって人の好みはまったく違う。

日本中にあるイオンの棚を同じ品揃えで埋め尽くしても、いまのお客さんすべての要望を叶えることは難しくなってきた。

つまりイオンの「強者の戦略」は最強だったが、誰もが安いだけでモノを買わなくなると、限界に突き当たるのかもしれない。

セブンの「弱者の戦略」

一方、セブンはこのスキをついて、**「弱者の戦略」**を徹底している。

弱者の戦略の基本は、「局地戦に持ち込む」「得意技で戦う」「接近戦」だ。

狭い地域にたくさん出店するセブンのドミナント方式、これがまさに**「局地戦」**だ。

セブンは出店する地域をなかなか拡げない。一号店は江東区豊洲だったが、当時の責任者は「江東区から一歩も出るな」と厳命し、豊洲店の近隣に店を集中させた。大阪進出は創業18年後の1991年。四国進出は2013年だ。

さらに**「得意技」**でも戦っている。

狭いセブン店内に並べられる商品は、たった3000品だ。本部で店の品揃えを決めているイオンと異なり、セブンでは各店舗で「今日、お客さんはどんな商品を買いたくなるか」きめ細かく仮説をたて、日々品揃えを入れ替えている。たくさんの商品を揃える代わりに、「今日はどんな得意技で戦うか?」を毎日考えているのである。

こんなことがあった。

3月、ある日のランチタイム。弁当持参で、友人と外で会うことになった。友人が持参したのが、3月というのになぜかそうめん。彼いわく、「セブンでこれが目に入って、なぜか無性に食べたくなって買ってしまった」

友人が季節外れにそうめんを食べたくなったのは、セブンが仕掛けたからだ。この日は3月にしては蒸し暑かった。「そうめんは夏の商品」と思いがちだが、セブンは過去の販売データから「そうめんは急に暖かくなると売れる」という情報を掴んでいた。そこで店はこの日、暖かくなることを見越してそうめんを発注し、店に並べた。こうして彼は、そうめんを見た途端に食べたくなり、買ってしまったのだ。

この日、セブンイチオシの得意技商品は、「そうめん」だったわけである。

さらにセブンは**「接近戦」**でも戦っている。セブンが店を出しているのは、通勤や通学で必ず通る場所や、オフィス街でランチのときに立ち寄る場所だ。

イオンが「店に買い物に来てください」と広域にチラシをまき、遠方からの客を取り込む一方、セブンはお客さんの生活に密着することで集客している。

国道で向かい合わせにセブンが2店舗あるのも、同じ理由だ。

これはあたかも同じお客さんを取り合っているように見える。しかし国道では簡単にはUターンできない。上り線を走る車と、下り線を走る車が、それぞれの店のお客さんなのである。こうなると何かがすぐに必要なとき、お客さんにとって便利なのは、遠くのスーパーより、近くのコンビニということになる。

ただ、セブンも1店舗だけがいくら知恵をひねって頑張っても、多勢に無勢。巨大なイオンには到底かなわない。そこでセブンは、ドミナント方式で地域に集まった多数の店の力を集中している。

ランチェスター戦略とは?

強者の戦略

◆広域で戦う
(全国展開)

◆総合力で戦う
(豊富な品揃え)

◆遠隔戦
(大店舗に遠方から集客)

弱者の戦略

◆局地戦に持ち込む
(ドミナント方式)

◆得意技で戦う
(3000品毎日入替)

◆接近戦
(顧客の生活圏に小店舗)

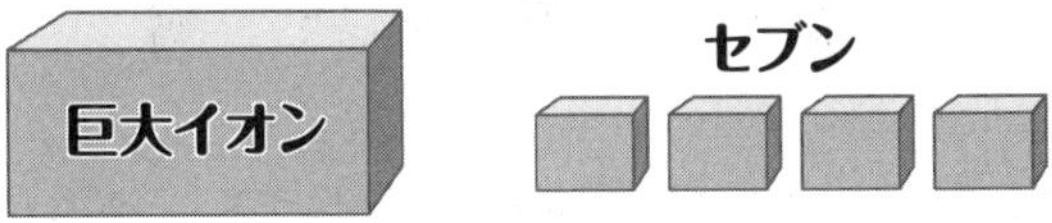

そして地域のお客さんの利便性を徹底的に高め、お客さんがほしい商品を提供している。こうしてセブンは弱者の戦略を徹底することで、強者である巨大スーパーのイオンに対抗しているのである。

ただ実はセブンは、イオンのことは気にしていないという。

かつてセブンの会長は、「競合店の問題ではなく、お客様のニーズとの競争だ」と語っている。お客さんが最優先ということだ。

セブンは狭い地域に集めたすべての店舗を、お客さんの生活に密着させ、お客さんが買いたい商品を常に揃えている。

セブンVSイオン

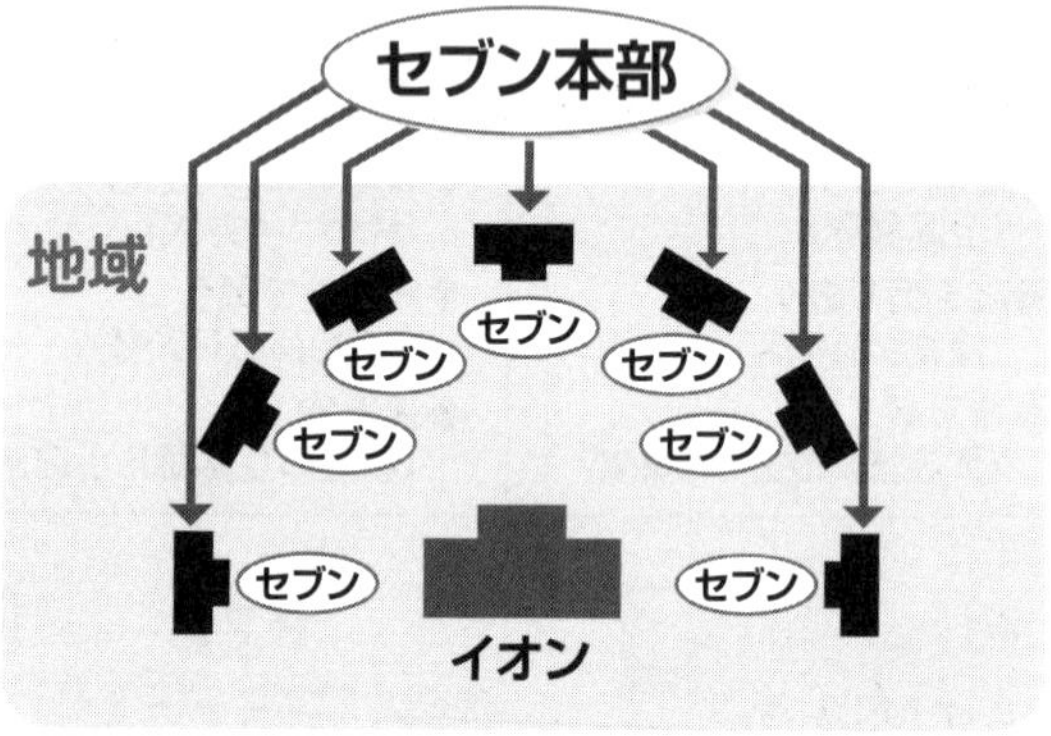

セブンはドミナント方式で地域に戦力を集中しイオンに対抗している

セブンは弱者の戦略を徹底し、お客さんに密着するチャネル戦略で、同じ地域の強者である巨大スーパーのイオンをも凌ぐ力を持つようになったのである。

ここでいったんまとめると、イオンは「安いものを大量に並べて売る」というチャネル戦略で多くのお客さんをとりこむ戦略をとっている。

一方、ほしいモノをほしいときに買いたい、だから「近くて便利」な店がほしい、という人に向けては、生活の場に密着した品ぞろえを徹底しているセブンのチャネル戦略が大きな力を持っている。

このように、チャネル戦略を考えるとき重要なのは、ここまで紹介した他のマーケティング戦略と同様、「いま、お客さんが何を望んでいるか」を考えることだ。いま絶好調のセブンのチャネル戦略も、将来にわたり有効である保証はない。常にいまのお客さんが何を望んでいるかを考え、チャネル戦略を見直すことが必要なのだ。

セブンのレジにある謎のボタン

ある日セブンで雑誌を買うとき、気がついたことがある。

レジには、ピンクと青で色分けされた10個の謎のボタンがある。そして店員がレジを打つとき、必ずこのうちどれか1つのボタンが押されているのだ。

他の人の買い物をさりげなく観察していると、買い物のたびに必ずこの謎のボタンが押される。そしてどのボタンが押されるかは買う人によって変わる。

実はこの謎のボタンは、商品を買う人の情報を入力するためのものだ。

10個のボタンのうち、ピンクは女性客、青は男性客だ。そして上から順に、買った人の年齢層になっている。ボタンをどれか押さないと、レジの操作は完了できない。

今度セブンで買い物をするとき、ぜひレジの操作を見てほしい。

自分が何歳だと思われているのか、わかるはずだ。

ただあくまで店員の判断だ。自分の歳よりも上の年齢を入力されても、文句は言わない方がいいだろう。


なぜセブンは忙しい店舗で、わざわざこういう手間をかけているのか？

実はこうして集めた情報が、まさにセブンの生命線なのである。

一つひとつは取るに足りないデータに見えるが、見くびってはいけない。

どの商品を、いつ、どんな時間帯に、どの年齢層の男女が、どこで買ったか。

こうして全国から集められたデータが、数十年分もたまっているのだ。

たかがデータ、されどデータだ。こんなデータ、誰も持っていない。

このデータのおかげもあって、そうめんが売れるタイミングもわかり、お客さんがなぜか買いたくなる品揃えができるのだ。

セブンの商品開発に有力メーカーが従う理由

それだけではない。このデータのおかげで、セブンはオリジナル商品をも開発している。

最近セブンに行くと、「セブンプレミアム」とか「セブンゴールド」というオリジナル商品を見かけるようになった。実際に買ってみると、結構美味しい。

「セブンが商品開発までするのか」と思うかもしれないが、セブンは商品企画を担当し、作っているのは名の通った食品メーカーだ。

食品メーカーは店頭にある自社商品と競合するので、セブンのオリジナル商品を作る理由はないように思える。ではなぜ食品メーカーは、セブンに従っているのか?

その秘密が、セブンだけが持つ膨大な販売データだ。

新商品を開発するとき、このデータがモノを言う。

実は食品メーカーが持っている販売データは、とても大ざっぱだ。

「今月、どの商品がどれだけ売れたか？」という情報しかない。これでは商品開発にはあまり役立たない。

一方、セブンには、とてもきめ細かいデータがある。

たとえばこのデータを基にセブンが「朝はサンドウィッチを買うビジネスマンが多いので、美味しいコーヒーを出せば売れる」と考え、企画し、大ヒットしたのが、あのセブンカフェだ。

セブンはこの膨大な販売データを基に、「こんな商品が売れるはず」という仮説を立てて、商品を企画し、商品開発に協力してくれる食品メーカーを募るのである。

このときセブンは、試作品を店舗でテスト販売する。そして実売データをもとに狙いどおりに売れるかどうかをチェックし、結果がよければ販売に踏み切る。

メーカーからすると、この販売データは喉から手が出るほどほしい貴重なものだ。だから食品メーカーはセブンの商品開発に協力する。

いまや「セブンプレミアム」「セブンゴールド」は、売上1兆円を超える大ヒット

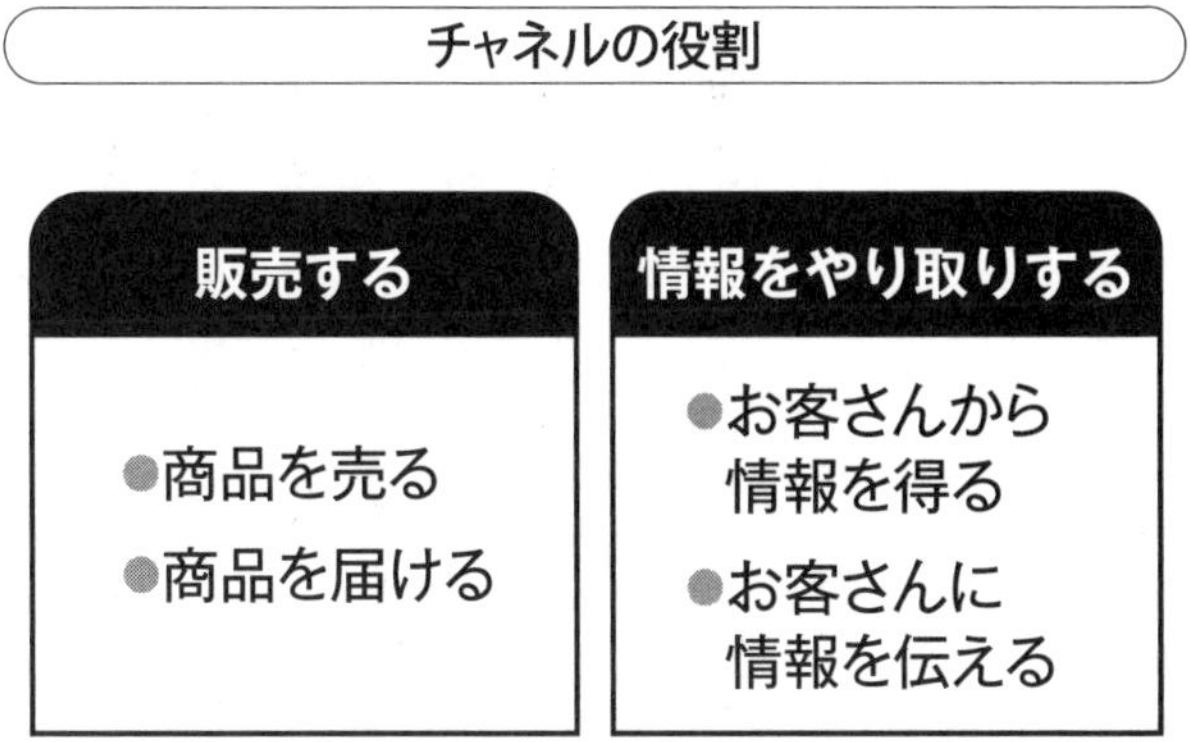

販売する	情報をやり取りする
●商品を売る ●商品を届ける	●お客さんから 　情報を得る ●お客さんに 　情報を伝える

商品ブランドになった。セブンがこのようにオリジナル商品の開発ができるのは、チャネルである店舗から集まる情報のおかげだ。

チャネルから得られる情報は、ときとして有力メーカーであっても従わざるを得ないほど、大きな力を持つのである。

チャネルの2つの役割

チャネルはお客さんの窓口なので、販売が主な役割だと考えがちだ。しかしチャネルの役割は、このように販売だけではない。

セブンがお客さんからコツコツと集め

た販売データを活かして、店舗の品揃えを見直したり、オリジナル商品開発に活かしているように、お客さんからどのような情報を得るかを考えることも、大切になる。

さらにチャネルはお客さんに情報を伝える役割もある。新商品やお勧め商品の情報をお客さんに伝えるのも、チャネルの役割だ。

アマゾンの画面でも「お勧め商品」が出てくることがあるが、これもアマゾンのシステムが、あなたの購買履歴と他のお客さんの購買パターンを基に、あなたが買う可能性が高い商品を表示している。

モノを売るときはこのように、お客さんとのあらゆるやり取りを考えて、**チャネル戦略**を立てていくことが必要なのである。

第6章

女性の太った財布には、何が入っているのか？

――「プロモーション戦略」と「マーケティングミックス（４Ｐ）」

他店の期限切れクーポン券でも値引き？

昼間に街を歩いていたら、行列ができているうどん屋を見つけたことがあった。

うどん屋やそば屋のお客さんというと、男と相場が決まっている。忙しい仕事の合間に店に飛び込み、注文して立ち食い。そそくさと立ち去る。これが一般的なイメージだろう。

しかしなぜかこの店の行列は女性が多かった。半分以上は女性である。

なぜ女性ばかり並んでいるのだろう？

ポップな感じの店の入口に、垂れ幕があった。

「期限切れクーポン大復活祭」

さらにじっくりながめて、わが目を疑った。

「日本全国どんな店の期限切れクーポンでも、お好きなメニューが50円引き！」

つまり、マックや吉野家などの外食チェーンはもちろん、セブンやマツキヨなど、どんな店の期限切れクーポンでも、持って来れば50円引きになるらしい。

そういえばちょうどお腹も減っている。考えてみたら私はこれまでこのうどん屋に入ったことがない。時間もある。自分の財布を探ってみたら、たまたまいつものカフェでもらった期限切れのクーポン券があった。いい機会なので使うことにした。

駅前によくあるそば屋やうどん屋は質素なイメージだが、意外なことにこの店は明るくて清潔な感じで、居心地のいい空間である。

店はセルフ式だ。女性客は楽しそうに、えび、れんこん、かき揚げ、ちくわなど100〜150円のトッピングを選んでいる。最後にうどんの種類を注文して、レジで会計だ。

最初、初体験の私は勝手がわからなかったが、見よう見真似でカロリーや油分を大幅カットしたという「ヘルシーかき揚げ」を選び、「温玉ぶっかけうどん」を注文した。

メニューを見るといろいろとおもしろい。オルチニン入り「しじみひやかけ」というメニューもあった。オルチニンというのは初めて聞いたが、40〜50代の女性には結構知られていて、美肌効果があるそうだ。このメニューにはしじみ200個分のオルチニンが入っている。他にも美肌効果がある菊の花を混ぜたご飯もある。注文している女性も多かった。

レジで期限切れのカフェのクーポン券を差し出すと、ちゃんと50円引きしてくれた。食べてみると味はあっさりしていて美味しい。讃岐うどんも歯ごたえがある。ヘルシーかき揚げもサクサクした歯ごたえだ。これなら味にうるさい女性にも受けるはずだ。

私は「期限切れクーポン大復活祭」がきっかけで入ったのだが、うまい方法を考えたものだ。クーポンを発行するのにもお金がかかる。でもこの方法なら、お金をかけずにクーポンでお客さんを呼び込める。

ただ一方で疑問もわいた。この方法、本当にいいのだろうか？

なぜなら、値引きによる価格勝負は、麻薬だからだ。

クーポンの役割は販売促進だ。クーポンを使えば、お得感をアピールして集客し、売上を増やせる。現に私もこうして初体験をしている。

でもクーポンに頼りすぎるのは危険だ。

たとえば日本マクドナルドは、かつて好調だった頃は、クーポンを一度発行すると販促効果が1カ月間続いたらしい。しかしクーポンを乱発した結果、販促効果が3日しか持続しない状況に陥った。2015年の経営危機の時期には、来店客の8割がクーポンを持参している状態だった。クーポンなしではお客さんが来ないわけで、これはまさに体力が落ちているのに麻薬を打ち続けて、何とか気力を保っている状態だ。

もう1つの疑問は、この店が値引き勝負をしていていいのか、ということだ。

実はこの店は讃岐うどんの「はなまるうどん」だったのだが、このチェーンはこの時期、全国で300店舗展開していた。一方でライバルの「丸亀製麺」は800店舗。2倍以上の規模がある、市場のリーダーだ。規模で勝る市場リーダーのライバルに、値引き勝負をしても必ず負ける。

なぜなら第一に、たくさん作る方が商品1個あたりの固定費が安くなるからだ。

たとえばパン屋をはじめるために、家賃10万円で店舗を借りたとしよう。固定費は

10万円だ。月にパンを1万個売れば、パン1個当たりの家賃（固定費）は10円だ。しかし月に10万個売ればそれがわずか1円になる。このようにパンをたくさん作るほど、商品1個あたりの固定費が安くなり、経済的に作れる。これを**規模の経済**（または**スケールメリット**）という。

第二にたくさん作ると、会社の中には経験がたまる。同じ仕事でも、初めてのときと10回目では、10回目の方がより速く確実にできることを経験したことがあるはずだ。会社も同じで、商品やサービスをたくさん提供すると、会社の中に経験がたまり、生産性が上がることで低コストで提供できる。これを**経験曲線**という。

規模が2倍以上大きい丸亀製麺は、はなまるうどん（以下はなまる）よりも安いコストでうどんを提供できる。だからはなまるが値引きで販売していては、儲けは減るばかりだ。

規模の経済と経験曲線

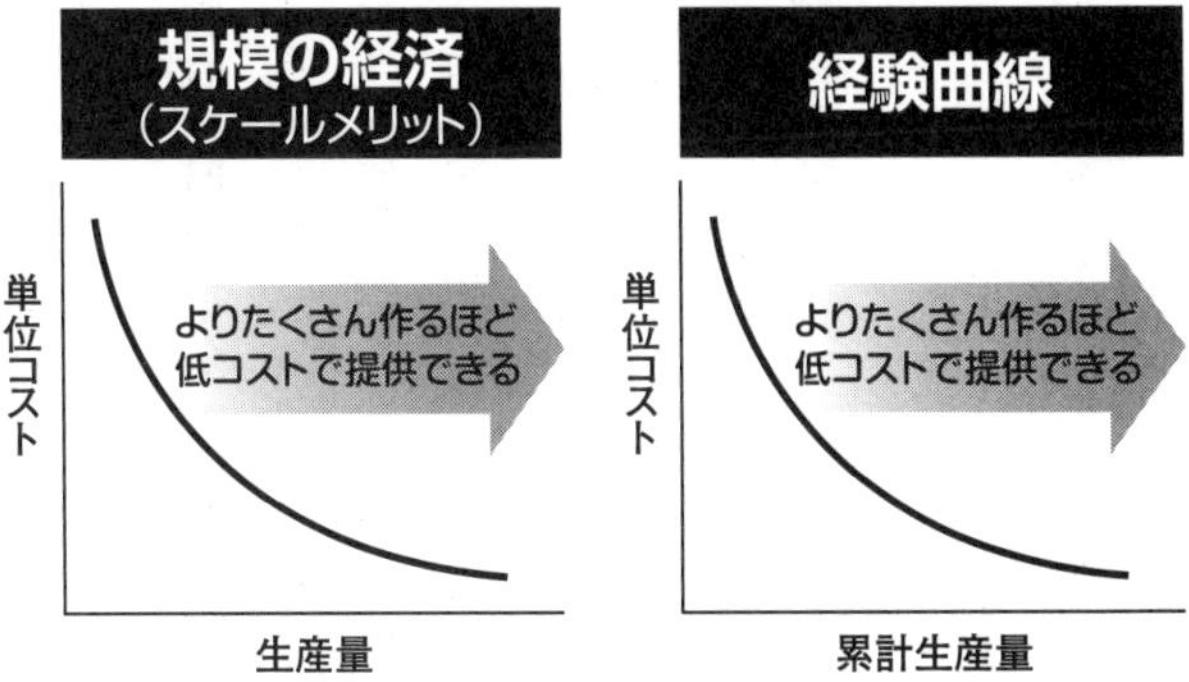

「はなまるも、クーポンに頼って価格勝負していると、行き詰まるんじゃないかなぁ」

うどんを食べ終えて一息ついた。

「ところで、はなまるの業績はどうなっているんだろう」

そう思いスマホでチェックしたら、驚いた。はなまるの業績は絶好調だったのだ。

「あれ？　もしかしたら、これは単なる値引きじゃないのかもしれない」と思いはじめた。

数日後、はなまるの記事を読んで納得した。

「なるほど。そうだったのか！」

これは価格戦略ではなく、はなまるが周到に考えた**プロモーション戦略**だったのだ。

女性の膨れた財布に入っていたものは?

「はなまるうどん」で有名な株式会社はなまるは、それまで日本になかった讃岐うどんのチェーン店を成功させた。これまでのうどん屋は男性が主なお客さんだったが、はなまるは創業当初から女性が入りやすいカジュアルな店づくりを行い、「和のファストフード」をコンセプトに順調に成長していった。

しかし大量出店があだとなって店の質が低下した。売上は急降下して経営危機に陥り、その結果、吉野家の傘下に入った。そして吉野家から新たに38歳の社長が送り込まれ、創業者社長とバトンタッチした。

新社長は既存店の質やサービスを徹底的に見直した。その一方で、ライバルがすぐには真似できないものは何かを考え、「健康うどん」の商品開発に取り組んだ。

当初、社内では「うどんと健康なんて関係あるのか?」という意見も多い中、健康メニューの開発を続けた。そうしてヘルシーかき揚げや、オルチニン入りの「しじみひやかけ」などの新メニューが生まれた。

おりしもレシピ本『体脂肪計タニタの社員食堂』がヒットするなど、健康がブームになりつつある頃だった。

はなまるの新メニューは一部では話題になったが、健康うどん目当てで来るお客さんは少なかった。健康に意識が高いお客さんが、はなまるの新メニューを知らなかったからだ。ならばこうしたお客さんがはなまるの健康メニューを知り、店に来てくれるようになれば、売上は再び伸びるはず。

そこではなまるは原点に立ち戻った。もともとはなまるがブレイクしたのは、男性客主体だった讃岐うどん店を女性客が入りやすい店に変えたからだった。しかしまだ女性客の集客の余地は大きい。女性客は健康への意識も高い。そこでいかに女性客にはなまるの健康メニューを知ってもらうかを考えた。

どうすれば女性たちがもっとはなまるのことを知るようになり、店に来てくれるようになるか？　はなまるの社長は女性客についてずっと考えていた。あるときふと素朴な疑問を持った。

「パンパンに膨れた女性の財布の中には、いったい何が入っているんだろう？」

あなたもきっとスーパーやコンビニのレジで、女性の財布が膨れているのを見たことがあるはずだ。

社長は周りの女性たちにリサーチしてみた。そしてわかった。財布にはさまざまな店でもらう割引券やクーポン券がたまっていたのだ。

女性は安く買うことが大好きだ。

そして安く買うことが大好きな女性は、クーポンも大好きだ。だからためたクーポンのために、財布が膨れていたのである。

しかしさらにリサーチしてみると、意外なことがわかった。そのクーポン券の実に6割が、残念なことに期限切れになっていたのである。大切にためていたクーポン券が期限切れになったとわかったら、女性はきっと内心で、こう叫んでいるに違いない。

「あぁ〜、損した！」

「キィ〜、悔しい！」

これを使えるようにすれば消費を刺激でき、女性客がはなまるに来るきっかけづくりができるはず。そこであの「他店期限切れクーポン作戦」をはじめたのだ。

このキャンペーンは大きな話題になった。

なんと2億円の広告と同じ効果が生まれたのである。回収クーポンは12万枚、売上も3％増えた。大成功だった。

ちなみにこの社長は、その後、若くして親会社である吉野家の社長に大抜擢された。

興味を持たない相手に振り向いてもらう

このキャンペーンは、一見よくある「50円割引セール」だ。

しかし単なる値引きキャンペーンではない。はなまるの他店期限切れクーポン作戦は、**プロモーション戦略**の基本に忠実に沿って行われたものだったのだ。

はなまるが「健康うどん」を開発したのは、第1章で紹介した**バリュープロポジション**を考えたからだ。つまり他のうどん店と差別化するために、「お客さんがほしくて自分たちだけが提供できるものは何か？」を考えた結果、健康意識が高いお客さんをターゲットに絞って、はなまるならではの健康うどんを提供することにした。そこで油分やカロリーを50％カットした他社がマネできない「健康うどん」を開発した。

しかし商品を開発するだけでは、お客さんは店には来ない。ターゲットのお客さんに伝えることが必要だ。そこで、ターゲットである健康意識が高い人が振り向いてくれるように、プロモーションを行った。

たとえば、ターゲットである「健康意識が高い人」に来てもらう方法の1つとして、女性客が振り向くように、この「他店期限切れクーポン作戦」をはじめた。

つまりターゲットである女性客の実態を把握して、他店期限切れクーポン作戦をきっかけに、「健康うどん」という新商品をプロモーションすることで、「お客さんがお金を使う理由」をターゲットの女性客に伝えているのである。

はなまるは「健康保険証を見せれば50円引き」というキャンペーンも行い、来店客を3％アップさせている。これもいつも健康保険証を持ち歩いているような健康意識が高いお客さんを取り込もうという戦略だ。

さらにはなまるでは、健康メニューの開発に積極的に取り組むことを宣言した「はなまる健康宣言」も打ち出している。この「はなまる健康宣言」は、店内に垂れ幕を出すなどして、至る所でお客さんの目に触れるようにしている。これは店に来た人に、「はなまるは健康を意識したメニューを用意していますよ」と伝えるためだ。

実はプロモーションとは、異性と付き合うきっかけづくりと同じである。

たとえば高校生の頃、クラスでちょっと気になる異性がいた人もいるだろう。しかし話をしようにも、なかなかきっかけがつかめない。

私も高校生の頃、同級生の女子とお話ししたのは、3年間でほんの数回だけだった。いま思い返すと、実に暗い高校生活だった。

では、どうすればいいのか？

方法はある。まず気になる相手のことを理解することだ。たとえば相手が何に興味を持っているかをさりげなく探る。そして何をすれば相手と話をするきっかけがつくれるかを考える。

たとえば相手があるアニメに興味があり、自分もそのアニメに詳しいとしたら、自分がそのアニメのお宝を持っていることをさりげなく周りに言うと、それが相手に伝わり、それがきっかけで相手はそのお宝に興味を持ってくれるかもしれない。そうして相手と話をする機会ができ、話してみてお互いに好意を持てれば、お付き合いに発展するかもしれない。そして誕生日に祝ったりして、お互いのことをもっと理解し合うようになるかもしれない。

「かもしれない」が続いたが、何回もチャレンジすれば、どれかは当たるものである。残念ながら当時の私には、このような発想がなかった。もし当時このように考えていたら、もう少し明るい高校生活を過ごせたかもしれない。

プロモーションも同じだ。異性と付き合うきっかけづくりと同様、プロモーションも、お客さんが商品に興味を持つきっかけや、お客さんと商品との関わりをより深めるきっかけをつくることが目的なのである。

ここで大切なのは、お客さんとの関わり具合によってメッセージを変えることだ。異性とのお付き合いでも、初めて話すときは緊張でドキドキしながら言葉を選んで話すことが多いはずだ。しかし会って数回もするとリラックスしていろいろなことを話せるようになる。付き合って1年が過ぎた頃には、何でも相談し合える関係になったりするものだ。

しかし会っていきなり何でもかんでも相談しはじめたりすると、相手はひいてしまって何も話さなくなり、二度と会ってくれなくなる。つまり相手との付き合いのレベルに応じて、相手と話す内容を変える必要があるということだ。

これはプロモーションでも同じだ。お客さんとの関係のレベルによって、伝える

はなまるうどんのプロモーション戦略

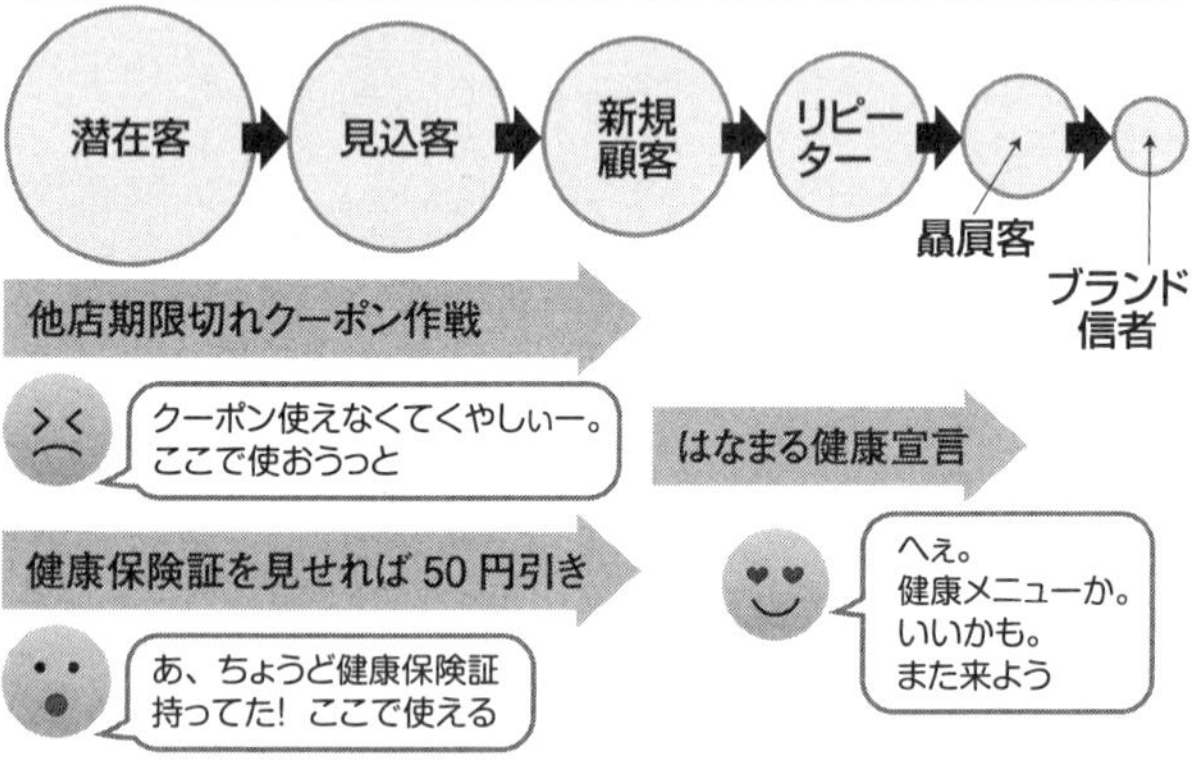

健康メニューで、健康意識の高いお客さんを獲得している

メッセージを変える必要があるのだ。

そのお客さんとの関係のレベルは、第2章で紹介した**顧客ロイヤルティ**で考えるとわかりやすい。

お客さんの商品への思い入れが深まるにつれて、お客さんは**「潜在客↓見込客↓新規顧客↓リピーター↓贔屓客↓ブランド信者」**へと進化していく。そしてお客さんの数は、最初の見込客が一番多く、徐々に絞り込まれていき、最後のブランド信者は一番少なくなる。

これはちょうど異性との付き合いが深まっていくのと同じだ。たとえば潜在客はクラスの異性全員、見込客は脈がありそうな相手、新規客は初めて話した相手、リピーターは何回も話せるようになった相手、贔屓客は親しくなった相手、そしてブランド信者はお付き合いするようになった相手だ。

はなまるのプロモーション戦略ではターゲットに合わせてどのようにメッセージを伝えて顧客ロイヤルティを高めていったのか、考えてみよう。

「他社期限切れクーポン作戦」は、はなまるに来たことがない、女性の潜在客や見込客を対象にしたものだ。そして「財布の中に眠っていていつの間にか損をしているクーポン券があれば、はなまるに来てください」というメッセージを伝えることで、「クーポンが使えなくてくやしいー！」と思っていた女性客にプロモーションし、彼女たちに来てもらうことを狙っている。

「健康保険証で50円引き」も同じだ。常に健康保険証を持ち歩いているような健康意識が高い人にプロモーションし、店に来てもらうことを狙って、健康保険証をクーポン代わりにしている。

いずれもターゲットの潜在客や見込客が、新規顧客に変わることを狙って、メッセージとクーポンを使っている。このようにクーポンは、新規顧客を獲得する目的で活用すれば、とても役立つ手段である。

店内に「はなまる健康宣言」の垂れ幕があるのも、プロモーションの一環だ。この垂れ幕は、はなまるに来た新規顧客に対して、「実は、はなまるのメニューは健康にとても気をつかっている健康メニューばかりなんですよ」というメッセージを伝えることで、来店したお客さんに「ちょうど健康に気をつけようと思っていたし、またこの店に来よう」と思ってもらえることを狙ったプロモーションだ。つまり新規顧客が、リピーターや贔屓客に変わることを狙っている。

プロモーションは、目立つだけではダメ

プロモーションで陥りがちな落とし穴がある。「プロモーションでどんどん目立って、話題になろう」とばかり考えてしまうことだ。マーケティングの専門家でも「プロモーションは目立てばいい」と考える人は決して少なくない。

たとえば世間で大きな話題になるようなテレビコマーシャルや、すごいアクセス数を獲得するホームページをつくり、「目立って大きな話題になった。大成功だ！」と考えたりする。目立って話題になることは決して悪いことではないが、それだけでは成功とはいえない。

高校のクラスでも、目立ったことをやって気をひこうとする男子は、必ずクラスの中にいたものだ。しかしそれだけではせいぜい、「おもしろい人」「ちょっと痛いヤツ」と思われるのがオチだ。そもそも目立ったことをやってもお目当ての女子は気がついてくれるとは限らないし、好意を持ってくれる可能性も低いのである。

メッセージを伝える方法が間違っていたら、いくら目立って話題になっても目的は達成できない。むしろ目立たなくてもかまわない。意中の相手に、自分が伝えたい内容を伝えることがプロモーションなのである。

はなまるの「他社期限切れクーポン作戦」も結果的には大きな話題になったが、そもそもの目的は大きな話題になることではない。「潜在客である女性に、はなまるに初来店してもらうこと」だ。そしてその目的を達成した。

だからプロモーションでは、まずメッセージを伝えるべき相手を決めた上で、「その相手には、このように思ってもらいたい」という目的を決めて、それを実現する方法を考えることだ。その目的を実現しない限り、いくら目立ってもダメなのである。

数多くの人たちにメッセージを届けて話題になっても、肝心のターゲットにメッセージが伝わらなければ意味はない。さらにたとえターゲットにメッセージが伝わっても、そのメッセージが目的を達成するものでなければ「へんなメッセージを出している、ちょっとおもしろい会社」で終わってしまう。

マーケティングミックスとは？

第3章から第6章まで、**「商品戦略**（第3章）**」**、**「価格戦略**（第4章）**」**、**「チャネル戦略**（第5章）**」**、**そして「プロモーション戦略**（第6章）**」**を説明してきた。

マーケティングではこれら4つをまとめて**「マーケティングミックス」**と呼んでい

る。

これは**「4P」**と呼ばれることもある。**商品(Product)、価格(Price)、チャネル(Place)、プロモーション(Promotion)**の頭文字を取ったものだ。

マーケティングでは、マーケティングミックスを組み合わせて、ターゲットのお客さんに価値を創り出し、伝え、提供していく。

はなまるの場合、「健康への意識が高いお客さん」というターゲット客に対して、商品戦略により「健康うどん」を創り出し、プロモーション戦略と価格戦略を組み合わせることで「期限切れクーポン復活祭」や「健康保険証を見せれば50円引き」でメッセージを伝え、さらにチャネル戦略により女性が入りやすいカジュアルな店をつくって価値を提供している。

このマーケティングミックスがバラバラだと、成果は出ない。

もしはなまるが商品戦略でせっかく「健康うどん」を開発したのに、プロモーション戦略で「ウチのうどんは美味しい」ということしかアピールしなかったらどうだろう？　ターゲットの「健康に意識が高いお客さん」に健康うどんのことが伝わらず、狙いどおりに売れなくなってしまう。

マーケティングミックスをバラバラにしないためには、まず第1章で紹介したバリュープロポジションをじっくり考えることが必要だ。

はなまるも、「健康意識が高いお客さんに、はなまるならではの健康うどんを提供する」というバリュープロポジションを考えて、それに基づいて、マーケティングミックスを考え、相乗効果を生み出している。

マーケティングの出発点は、バリュープロポジションだ。プロモーションを含め、すべてはこのバリュープロポジションに基づいて、それぞれのマーケティングミックスを考えていくことが必要なのである。

第7章

きゃりーぱみゅぱみゅは、なぜブレイクしたのか?

——「イノベーター理論」と「キャズム理論」

増殖中の「不思議ちゃん」

「あのー、これ、なんですか?」

早朝のテレビ番組で初めてきゃりーぱみゅぱみゅ(以下、きゃりー)を見たときの、私の正直な感想だ。

紫色のウィッグ(かつら)をつけた頭の上には大きな黄色いリボン。さらにピンク色の大きな水玉模様のフワフワしたファッションに身を包み、小さなライブハウスできゃりーは歌っていた。その歌も、よく聞くとちゃんとした日本語なのだが、どこか棒読みっぽい。最初に聴いたときは、私にはこう聞こえた。

「○×△■◎※▲▽…」

とても不思議な感じだが、なぜかその歌が耳にへばりついて離れない。

女性アイドルといえば、いつもニコニコしてまわりに愛嬌を振りまき、カワイイ感じなのが相場だ。彼女もふつうにしていればカワイイ女の子なのだが、喜怒哀楽の表情に乏しい。無表情で、どちらかというと困ったような顔だ。

でも油断はならない。突然タコのような口をしたり、鼻の下をゴリラのように伸ばして威嚇するような顔をしたりと、アイドルだったらまずありえない顔をする。「変顔」という言葉が生やさしい程だ。

その小さなライブハウスでは、小柄な身体でカクカクした細かい動きをしていたと思ったら、突然お尻を突き出す意表を突いた動きで驚かせる。まるでアイドルというよりも、ゆるキャラ。「不思議ちゃん」という言葉がピッタリである。

しかし「これ、なんですか？」と思っていたきゃりーが、あれよあれよという間に大ブレイクし、テレビをつけるといつも出ている。大人気だ。日本だけではない。世界中にファンがいるらしい。いまや日本の「カワイイ」文化の象徴になっている。

テレビで流れる彼女の歌を聴きながら思った。

「そういえば、最近はきゃりーのような女の子を街でよく見かけるなぁ」

私が大学生だった1980年代前半は、ＪＪなどを片手に大学のキャンパスを歩く女子大生が増えはじめていた。私はそんなオシャレでまぶしいお嬢様方とお話しする機会は皆無で、遠目で見ているだけという、わりと地味な学生生活を送っていた。お嬢様っぽい、いまでいうコンサバファッションはその頃から続いている。

ちなみにこうした女性たちが好んで読むようなＪＪ、ＣａｎＣａｍ、ＶｉＶｉ、Ｒａｙのような雑誌を、「赤文字系雑誌」と呼ぶらしい。雑誌の表紙のタイトル文字が赤やピンクの赤系色だから、赤文字系雑誌。うまくいったものである。タレントでいえば蛯原友里とかローラなどが赤文字系雑誌の出身モデルだ。周囲の異性にモテて、かつ同性からも反感を買わないタイプだ。

これが大きく変わってきたことを実感したのは、久しぶりに渋谷に行ったときだった。

「以前とぜんぜん違う……」

いつのまにかきゃりーのような不思議ちゃん系の女性が大増殖中だったのだ。

こういう不思議ちゃん系の女性が愛読する雑誌のことを、赤文字系雑誌に対して

「青文字系雑誌」と呼ぶらしい。雑誌で言えば、ｍｉｎｉ、ｚｉｐｐｅｒ、ＣＵＴｉＥなど（ちなみにタイトル文字の色が青いわけではない）。タレントでいえば、きゃりーぱみゅぱみゅ、木村カエラ、仲里依紗あたりがこの出身だ。ファッションは一言で言えば個性的で、同性ウケするスタイルだ。

女性ファッションにはブームがある。一見、こうしたブームはいきなりやってくるように見える。しかし新しいファッションは、ある日いきなりブレイクするわけではない。そこにはちゃんとしくみがある。

きゃりーや、赤文字系ファッション、青文字系ファッションはどのようにブームになったのか。これを考えながら、新商品をブレイクさせるために役立つイノベーター理論とキャズム理論について考えてみよう。

新しいモノはどのように拡がっていくのか（イノベーター理論）

赤文字系ファッションは、私が大学生だった１９８０年代前半から徐々に拡がっていった。当時の流行の主流は紺ブレなどのアイビーやＤＣブランドだった。赤文字系ファッションの女性は少なかったので、キャンパスでは結構目立っていた。しかしいまや街中を見ると、赤文字系ファッションはむしろ当たり前になっている。

青文字系ファッションも、ほんの少し前まで街であまり見かけることはなかった。しかし1990年代には青文字系雑誌は創刊されていたし、青文字系ファッションは、ファッション最先端の原宿を中心に徐々に拡がっていた。だから青文字系ファッションは「原宿系」と呼ばれることもある。

そして2011年にきゃりーがデビューして一気にブレイクし、いつの間にか渋谷をはじめ他の街も青文字系ファッションが占拠するようになった。


ファッションのように新しいものが世の中に普及するときの反応は、人によりマチマチだ。

「新しいモノ大好き。すぐ取り入れる」という人もいれば、「ちゃんと見極めてから試したい」と考える人、さらには「新しいモノには抵抗がある。これまでのモノが一番」という頑固な人もいる。これを新しいモノを受け入れる順に、5つのタイプに分類したのが**イノベーター理論**だ。

- **イノベーター**（全体の2・5％）
革新者。新しいモノ大好き。なんでも真っ先に取り入れる
- **アーリーアドプター**（全体の13・5％）
先駆者。よさそうだと自らで判断したら取り入れる
- **アーリーマジョリティ**（全体の34％）
現実主義者。他の人がいいと言ったら取り入れる
- **レイトマジョリティ**（全体の34％）
懐疑派。多くの人が取り入れたら自分も取り入れる
- **ラガード**（全体の16％）
頑固者。最後まで文句を言って取り入れない

青文字系でいうと、青文字系雑誌が出た1990年代から、原宿で青文字系ファッ

ションをしていた女性はイノベーター。きゃりーがデビューした頃から青文字系ファッションをはじめた人はアーリーアドプター。そしていま、渋谷にいる青文字系ファッションの人たちはアーリーマジョリティだ。

ブームはこの順番で徐々に拡がっていく、というのがマーケティングにおけるイノベーター理論だ。

キャズムとは?

ところであなたは「ファッションは、目立ってナンボ」と思うタイプだろうか?「目立つのは、ちょっとイヤだなぁ」と思うタイプだろうか?

「目立ってナンボ」と思う人は、イノベーターまたはアーリーアドプターだ。

「目立つのはイヤ」と思う人は、アーリーマジョリティ以降の人だ。

感覚的には、「目立ってナンボ」という人は少数派で、「目立つのはイヤ」という人が多数派という感じがする。これはさきに紹介したイノベーター理論でも、ちゃんと数字で裏づけられる。

「目立ってナンボ」と思う人たちはイノベーターとアーリーアドプターの合計なので、全体のたった16％で少数派だ。「目立つのはイヤ」という人たちは、残りの84％。圧倒的な多数派なのである。

この「目立つのはイヤ」と思っている多数派の人たちは、いくら「目立ってナンボ」の人たちが青文字系の服を着ていても、「でも、私とは違うし……」といってなかなか真似をしない。自分と同じ「目立つのはイヤ」というタイプが着るようになってはじめて、おそるおそる着るようになる。

ただし「目立つのはイヤ」という人は、そもそも新しいファッションには手を出さない。だから新しいファッションは、多数派にはなかなか拡がらない。

このように「目立ってナンボ」の少数派と、「目立つのはイヤ」の多数派の間には、なかなか越えられない大きな谷がある。これをマーケティング用語で**キャズム**と呼ぶ。キャズムとは英語で「谷」という意味だ。

イノベーター理論とキャズム理論

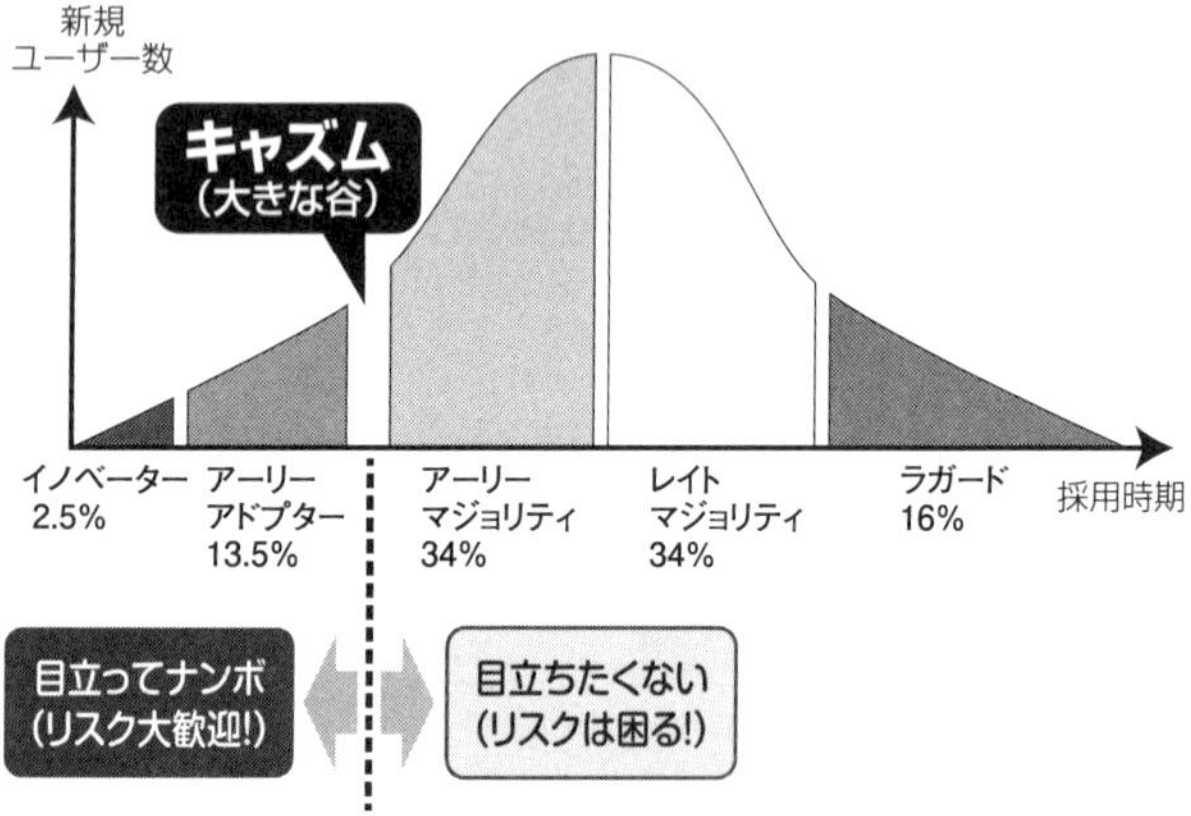

キャズムができる理由は、リスクの考え方が、「目立ってナンボ」と「目立つのはイヤ」という人たちの間で正反対だからだ。

「目立ってナンボ」と思う人たちは「リスク大歓迎。リスクがあるから、得るものも大きい」と思っている。しかし「目立つのはイヤ」という人たちは、「リスクは困る！　失うものがある」と思っている。この「リスクは大歓迎」の少数派と、「リスクは困る！」の多数派の間にある、なかなか越えられない谷が、キャズムなのである。

このキャズムを越えれば、新しい

ファッションは一気にブレイクする。青文字系ファッションは、きゃりーがブレイクしたおかげで、一気にキャズムを越えて拡がった。

しかし一方で、なかなかキャズムを越えないファッションもある。たとえばゴスロリ(ゴシックロリータ)というファッションがある。まるでフランス人形のようなフリルがついた黒ずくめの衣装で、一部に熱烈なファンがいる。しかしキャズムを越える気配はない。

なぜこの違いが生まれるのだろうか?

実はキャズムを越えてブレイクさせるためには、それを仕掛けていく方法論がある。この方法論を教えてくれるのが**キャズム理論**だ。キャズム理論では、次の順番で仕掛けることで、キャズムを越える。

第一段階:タイミングを見極めてライバルがいない市場を選ぶ

第二段階:最初のターゲットを選ぶ

第三段階：最初のターゲットを攻略する
第四段階：さらにターゲットを拡げる

では、きゃりーや青文字ファッションは、どのようにキャズムを越えてブレイクしたのだろうか？

どうやってキャズムを越えたのか？

きゃりーのキャズム越えを仕掛けた人がいる。原宿にある彼女の所属事務所の社長だ。この社長は世界に向けて原宿のカワイイ文化の情報発信もしていて、「カワイイ」が世界共通語になりクールジャパンの代名詞になったのにも一役買っている。

原宿ではきゃりーのデビュー前から、青文字系ファッションが流行っていた。海外からも原宿のカワイイ文化に注目する人たちがいた。社長は「これを世界展開するとおもしろいんじゃないか？」と思っていた。そんなある日、社長はまだ高校生だったきゃりーと出会った。彼女の青文字系ファッションのセンスは抜群で、彼女は音楽活動をしたいと考えていた。

そこで社長はワーナーミュージック・ジャパンと組んできゃりーをデビューさせた。

これをキャズム理論で整理しながら見てみよう。

第一段階:タイミングを見極めてライバルがいない市場を選ぶ

タイミングは大切だ。そもそも風がないところに、凧は揚がらない。

きゃりーがデビューしたとき、追い風が吹いていた。アメリカ、欧州、台湾などの若者の間で原宿系ファッションが注目されており、「カワイイ」が世界共通語になっていた。

こんな中、事務所社長は最初から世界展開を考えて、きゃりーを仕掛けたのだ。

きゃりーが世界的に有名になったのは、決して成り行きに任せた結果ではない。

また、他にライバルがいない市場だったことも大きい。すでに先行するライバルがいる市場を選んでしまったら、いくら頑張ってキャズムを越えても、しょせんは二番煎じだ。原宿系カワイイ文化は世界的に注目されていたが、それを象徴する人はまだいなかった。そんな中で、きゃりーは「原宿のカワイイ文化を全世界に広めたい！」と宣言し、デビューした。彼女が世界で原宿系カワイイ文化を象徴する唯一の存在だったのだ。

第二段階：最初のターゲットを選ぶ

次に最初のターゲットを絞り込んだ。

きゃりーの場合、世界で原宿系カワイイ文化を求めている人たちをターゲットにして、その中でも「原宿系カワイイ文化で、新しいものは何でも好き」というイノベーターと、「きゃりーはカワイイから好き」というアーリーアドプターにファンを絞り込んだ。

第三段階：最初のターゲットを攻略する

そして絞り込んだターゲットを確実に攻略した。ターゲットはきゃりーの登場を待ち望んでいた。彼らに確実に情報を伝えることが大切だ。

きゃりーの場合、デビュー直前にYouTubeやiTunesで映像や曲を配信したところ、世界で大きな反響が起こり、人々は「きゃりー、カワイイ」と熱狂した。海外ライブも大きな話題になり、YouTubeの動画再生回数ランキングでは全世界2位にランクインした。

原宿系カワイイ文化が世界で注目されはじめた絶妙な時期、その象徴としてデビューしたきゃりーは、原宿系カワイイ文化そのものになった。その結果、原宿系カワイイ文化が大好きな人たちは、きゃりーの登場に飛びついたのである。

第四段階：さらにターゲットを拡げる

最初のターゲットを攻略したら、次にターゲットを切り換えて、「みんながきゃりーが好きって言うから私も好き」というアーリーマジョリティまでファンを拡げていくことだ。そのためには、「すでにきゃりーは定番だ」というイメージづくりが必要だった。

そこできゃりーは、世界各国でワールドツアーを行った。レディー・ガガなど海外

きゃりーはいかにキャズムを越えたか？

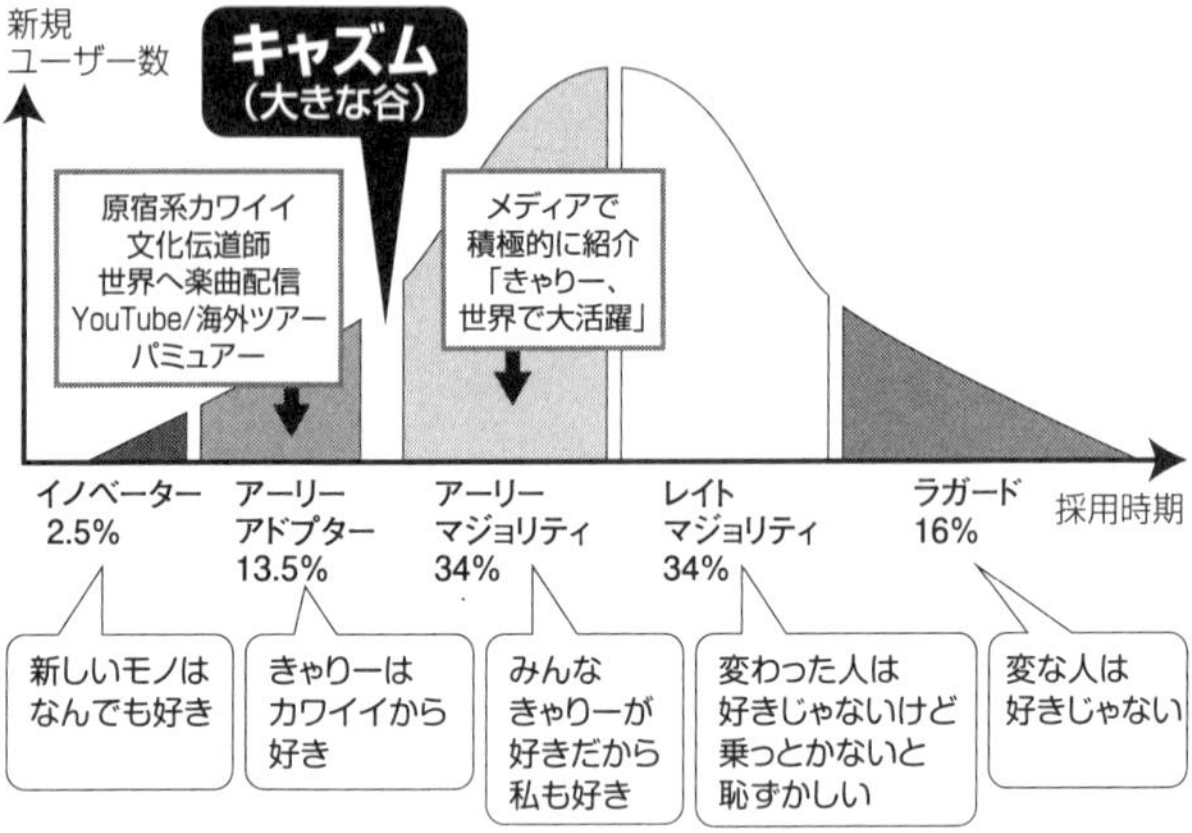

の有名人にも、きゃりーのファンが増えていった。きゃりーのファッションと音楽が、彼らにも影響を与えたのだ。

欧米メディアも彼女のアルバムを年間ベストポップアルバム1位に選ぶなど、きゃりーの注目度はますますアップ。海外の活躍の様子は、日本国内でも紹介されていった。

こうしてきゃりーのファンはアーリーマジョリティにも拡がるとともに、青文字系ファッションも大きく拡がり、キャズムを越えたのである。

このキャズム理論は、売れる商品を考える場合にも役立つ。たとえばアサヒスーパードライもそうだ。

なぜドライビールはスーパードライだけなのか？

最近、コンビニに入って気がついたことがある。ビールの棚にはいろいろなビールがあるが、ドライビールはアサヒのスーパードライだけだ。

私が20代の頃、棚は各社のドライビールで埋め尽くされていた。いつの間にか他社のドライビールはきれいさっぱり消え、スーパードライしか残っていない。

このスーパードライの成功も、キャズム理論に沿ってアサヒが仕掛けたものだった。

第一段階：タイミングを見極めてライバルがいない市場を選ぶ

きゃりー同様、アサヒもタイミングを見極めて、ライバルがいない市場を選んだ。

スーパードライ登場前、ビール業界ではこんな常識があった。

「消費者はビールの味はわからない。消費者は保守的で、新しい味は受けつけない。

だから味は他社と同じでいい。味を変えると売上は減る」

アサヒはライバルがどこも味を変えようとしない、この市場における絶妙なタイミングで、「消費者は飲み飽きないビールを求めている」と考え、スーパードライを開発した。

第二段階：最初のターゲットを選ぶ

アサヒは最初のターゲットを絞り込んだ。

実は、世の9割の人は、それほどビールを飲まない。ガブ飲みするのは残り1割。この人たちが、ビール全体の実に半分を飲み干す。

アサヒはこのガブ飲みする人たちを「ビール通」と名づけ、最初のターゲットにした。

このビール通が、「新しいビールだから飲もう」というイノベーターと、「飲み飽きないビールだから飲もう」というアーリーアドプターだった。

第三段階:最初のターゲットを攻略する

アサヒはこのビール通を確実に攻略した。

たとえばCMではこんなメッセージを流した。

「新しいビール通は、この味を選んだ。アサヒ　スーパードライ」

それまでビールのCMは有名人ばかり起用されたが、アサヒはCMに出演したことがない国際ジャーナリストの落合信彦を起用。「ビールの広告はこういうもの」という固定観念をくつがえした。

首都圏のテスト販売は発売即品切れ。販売開始後も全国で品切れが続き、「つくれば売れる」という状況になった。

当時、各社横並びのビールに不満だったビール通は、スーパードライの登場を大歓迎。その結果、初年度スーパードライは、ビール業界全体のシェア3%を獲得した。

イノベーターとアーリーアダプターの一部に浸透したのだ。

ドライビールはいかにキャズムを越えたか？

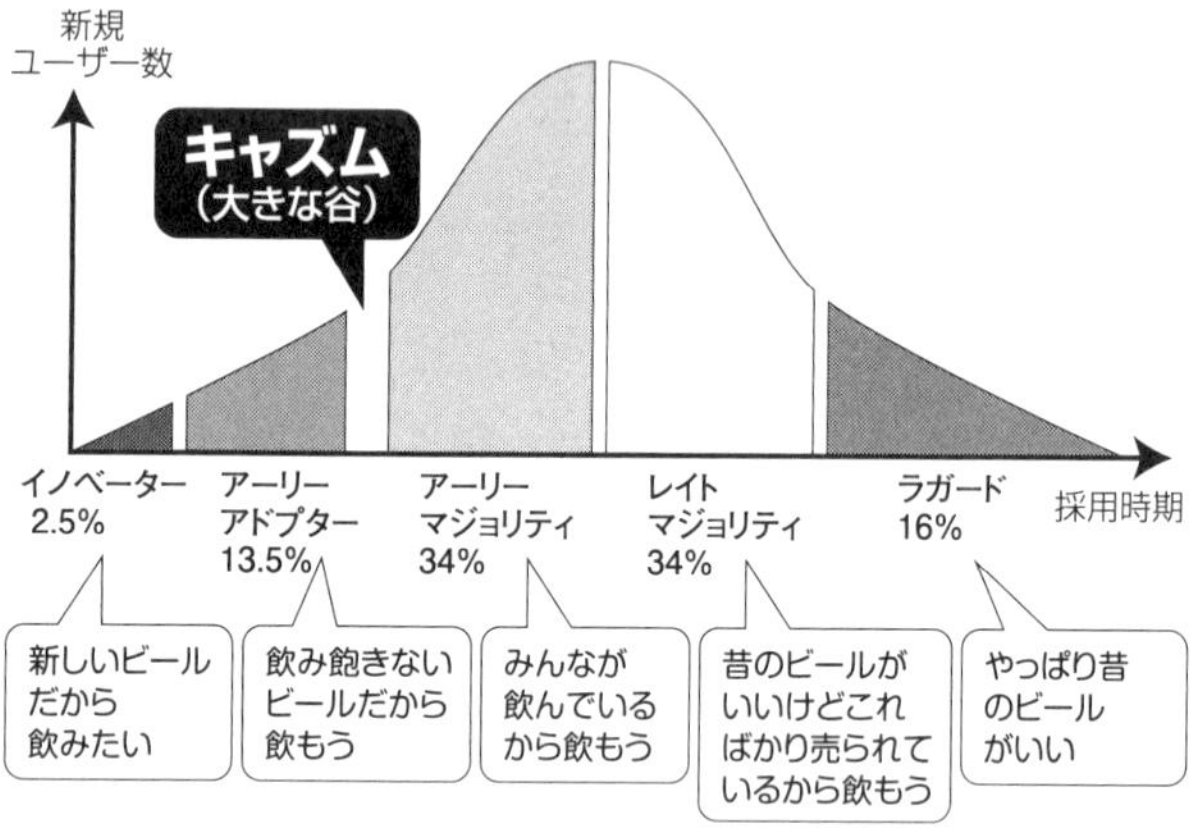

第四段階：さらにターゲットを拡げる

少し話は脱線するが、千代の富士が活躍した頃の大相撲はおもしろかった。強いライバルがたくさんいて、大相撲は大人気だった。ちなみに大相撲の歴代最高視聴率は65％。当時圧倒的に強かった横綱・北の湖を、関脇だった若い千代の富士が優勝決定戦で破り、初優勝を決めた場面だ。

強い力士が集まって賑やかになると、世間は大相撲に注目する。

逆に圧倒的に強い力士が1人だけで他は元気がないと、世間はあまり注目しない。

ドライビールも同じだ。スーパードライは大ヒット商品になったとはいえ、ビール全体の中では、まだまだマイナーな存在だった。本格的なブームになったのは、スーパードライの成功に注目したライバルが、本腰を入れてドライビールを販売しはじめてからだ。

1年後、ビール各社は一斉にドライビールを大量に投入しはじめた。そして「ドライ戦争」と呼ばれる激しい販売競争が行われた。

このおかげで世間はドライビールに注目するようになった。そして「みんなが飲んでいるから飲もう」と考えるアーリーマジョリティもドライビールを飲むようになった。

ドライビールのシェアはビール業界全体の34％になり、一気にキャズムを越えた。

そしてアサヒは、この「ドライ戦争」で圧勝した。

ドライビール市場を創りあげたのはアサヒだ。アサヒは市場をリードし、増産し続けた。ライバルが増産を躊躇して品切れさせる中、アサヒは他社品切れ分も獲得し続けたのだ。

ここでアサヒはさらに、プロモーション戦略も変えた。

キャズム越えの段階になると、「みんなが飲んでいるから飲もう」と考えるアーリーマジョリティに、こんなメッセージを出した。

「スーパードライの新しい味が、ビールの流れを変えた！」

そして彼らは、「みんなが飲んでいるから飲もう。ドライ本家のアサヒだったら安心だ」と思うようになったのだ。

その後、他社はドライビールから撤退。アサヒはスーパードライのおかげでビール業界でトップに立った。

ブレイクは「待つモノ」ではなく「仕掛けるモノ」

このように、マーケティングではブレイクは待つものではなく、仕掛けるものだ。

そしてブレイクを仕掛ける上で、キャズム理論はとても役立つ考え方である。

重要なポイントは、最初の段階で、一部の熱狂的な人たちにターゲットをグッと絞り込むことだ。決して拡げてはいけない。

きゃりーの場合は、世界で原宿系カワイイ文化が大好きな人たち。スーパードライの場合は、ビール通だった。

その人たちを攻略した上で、ターゲットを徐々に拡大し、ターゲットに合わせてメッセージも変えていくことが必要なのだ。

我が家のテレビをつけると、今日もきゃりーが歌っている。

あいかわらず私には、

「○×△■◎※▲▽…」

としか聞こえない。

どうも私はこのジャンルに関しては、残念ながらラガードらしい。

第8章

古本屋がふつうの本屋より儲かる理由

——マイケル・ポーター「5つの力」と「競争戦略」

閉店が続く本屋

「またこの本屋も閉店か」

数年ぶりにその駅で降りたら、駅前にあった本屋がドラッグストアに替わっていた。一昔前までは人が集まる駅前や商店街には必ず本屋があった。昔は時間に余裕があると本屋につい立ち寄り、気がつくと何冊か買って店を出たものだ。本屋の匂いも好きだった。

しかし最近は、昔からあった街の本屋が次々と閉店している。

なんと万引きで倒産する本屋もあるらしい。万引きで赤字に転落するほど利益が少ないからだ。新刊本の発行はこの20年間で倍になったので、一見すると本屋の店頭は賑わっているように見える。しかし実は販売部数は25％減。全体で縮小している。本屋の数はネット書店のアマゾンにも押されて、国内全体ではこの15年で4割も減っているらしい。ちょっと寂しくも感じる。

減る一方の本屋と比べて、最近増えている印象を受けるのが古本屋だ。道路沿いにはブックオフを見かけるし、街にはオシャレな古本屋も増えている。

真新しい新刊本を扱っている本屋は、本来は古本屋よりも有利に思える。なのになぜ新刊を売る本屋は減り、中古の本を売る古本屋が元気なのだろうか。

元気な古本屋

目立つ古本屋の筆頭は、この10〜20年で急に増えた「ブックオフ」だ。

私は本が好きで次々と買い込んでしまう。結果、自宅の本棚からは本があふれ出し、本棚部屋が雑然とした状況になってしまう。それを見てあるとき妻が言った。

「早く捨てれば、スッキリするんじゃない？」

「でも、なかなか捨てられないんだよね」

「なんで？」

「本には魂が入っているから」

「……結局、捨てたくないワケね」

こうして本の処分を先延ばしする間にも本はたまり、ついに部屋は足の踏み場もない状態になった。そんなとき、「ブックオフはどんな本も引き取ってくれる」という話を聞いた。ちょうど自宅から車で5分の国道沿いにブックオフがあった。そこで不要な本を持ち込むことにした。

不要な本を数百冊選び、段ボール10箱に詰め、やっとの思いで車に積んだ。黄色地に青い字で「BOOK・OFF」と描かれた大きな看板の店に到着。数百冊の買取査定はたった15分で完了した。

査定金額は合計3000円。想定金額よりも1ケタ安い。査定では、店員は本の状態と発行日をチェックするだけだ。レア本もあったが、店員は「これは古いので買い取れません。タダなら引き取りますけど。神保町の古本屋に持って行けば高く買ってくれますよ」と教えてくれた。むしろ新しい本の方が査定金額が高い。

しかし神保町まで持って行くのは大変だ。それに本を捨てるくらいだったら、買い取りがタダでも他の人に読んでもらいたい。結局、すべて引き取ってもらった。

このときのことを思い出すと、ブックオフが増えた理由はよくわかる。

ブックオフに持ち込む人は、私のように「安くていいから引き取ってほしい」と思っている人が多い。この人たちは、お金がもらえれば御の字という人だ。

ブックオフはそういう人たちから、古い中古本は数円～数十円、場合によってはタダで買い取り、100円程度で売っている。中古とはいえ状態のいい人気の新刊本は確実に売れるので、定価の1割程度で買い取り、5割引で売っている。

商売の基本は「安く仕入れて、高く売る」だ。確かにこれなら儲かるだろう。

ブックオフは安い上に、本の品揃えもふつうの本屋にヒケを取らない。だから買うときも、まっさらな新刊本にこだわらないお客さんにとってこれは魅力だ。

ブックオフが成長した理由はもう1つある。これまでの古本屋は、持ち込まれた古本をチェックするには、店側に高い目利き力が必要だった。しかしブックオフの店頭でチェックするのは、主に「書き込みや折り曲げがあるか？　いつの本か？」だけだ。レア本かどうかは一切関係ない。これならバイトでも査定でき、店の人件費が削減できる。こんなしくみを持った古本屋は、これまでなかった。

ブックオフはこのシンプルなしくみで、古本屋を全国展開することで、急成長してきたのである。

私たちは「競争」というと、ライバルである同業者、たとえば古本屋であれば他の古本屋にいかに勝つかを考えがちだ。

しかし儲かるかどうかは、ライバルとの競争だけで決まるわけではない。

ブックオフが売り手から安く大量に本を仕入れることで成功してきたように、儲かるかどうかは、さまざまな市場関係者との力関係で決まる。

そこで市場関係者を5つに分け、自分たちが儲けるためにはどんな手を打てばいいのかをマーケティング的に考える**「5つの力」**というフレームワークがある。これは**競争戦略**の第一人者である経営学者マイケル・ポーターが提唱したもので、マーケティングはフレームワークに当てはめて考えると、より早く確実に正解に近づける。

「5つの力」でブックオフについて考える

私は競争が嫌いである。

世の中にはどう逆立ちしても勝てない強いライバルが多い。だから私は競争は避けて、常に「自分しかできないことは何か」を考えて、「不戦勝」を狙いたいと考えている。

ポーターの競争戦略も、同じ考え方だ。

「競争するなら、勝てる競争をすべし」というのが、ポーターの基本的な考え方である。勝てない競争には、ムダな時間とコストがかかり、儲けも減る。「5つの力」は、勝てない競争を避けて、常に勝てる状況をつくり出すことで、儲けに繋げる考え方だ。

5つの力では、市場関係者を「買い手」「売り手」「新規参入業者」「代替品」「同業者」の5つに分ける。そして彼らと自分の力関係をチェックし、どちらが強気に立てるかを分析する。ポイントは、相手にとって自分がどのくらい「オンリーワン」の状態かを見ることだ。

マイケル・ポーターの「5つの力」とは？

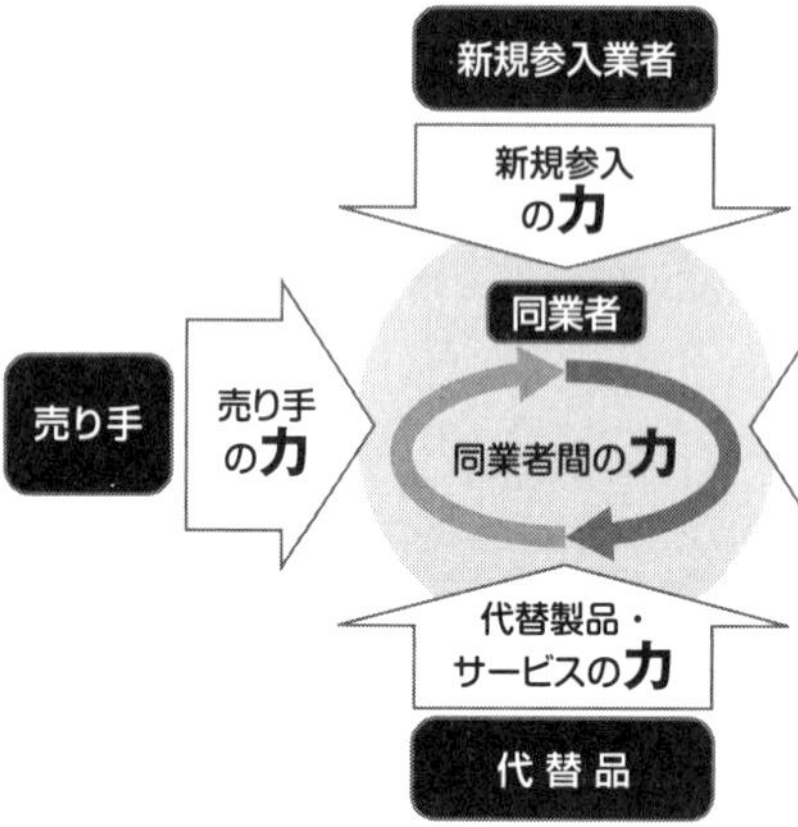

オンリーワンであれば強気に立てる。これは競争に勝てるということだ。

ブックオフの場合、この5つの力がどうなっているか見てみよう。

①買い手

「本を安く買いたい人」にとって、ブックオフは安くて品揃え豊富だし、実際に本を手に取りながら買える。国道沿いにあることが多いので行くのも簡単だ。もし他に似たような店があったら比較できるが、買い手にとってはブックオフがほぼ唯一の選択肢なので、買い手は言い値で買うしかない。つまり買い手に対して

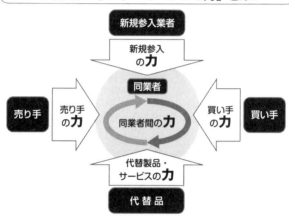

は、ブックオフの方が強気に立てる。

②売り手

以前、私がブックオフに本を持ち込んだ頃は、手軽に大量の本を買い取ってくれるのは、ブックオフがほぼ唯一の存在だった。だから古本を売りたい人は、買取価格がタダ同然でもここに本を持ち込んだ。結果、ブックオフは売り手に強気に立てたので、格安で本を仕入れることができた。

しかしいま状況は変わってきている。古本を売るには、さまざまな選択肢がある。たとえば通販ショップ「駿河屋」は、古本を売りたい人に、古本を宅配便で送るだけの「かんたん買取」サービスや、宅配便の発送前に買取価格がわかる「あんしん買取」サービスをアピールして本の買い取りを行っている。

さらには、オークションサイトやアマゾンの中古市場もある。このように時代とともに唯一の存在ではなくなったので、現在、ブックオフは格安で本を仕入れることが難しくなりつつある。そこでブックオフは、売り手がより簡単に本を売れるように、出張買取サービスをはじめている。

③新規参入業者

これから古本屋をはじめたい業者は、安さと品揃えではブックオフに太刀打ちできない。となると「安さと品揃え」以外の分野で勝負するしかない。となると、ここではブックオフは強気に立てる。

ちなみに、新規参入しようにも相手が強くて参入できない障壁を**参入障壁**という。「安くて品揃え豊富な古本屋」という分野では、現状まだブックオフはライバルに対して高い参入障壁を築いている。

④代替品

代替品とは、別業界でお客さんのニーズに応える商品やサービスだ。

ブックオフの場合、代替品はヤフオクやメルカリなどのオークションサイト、さらにはアマゾンの中古市場や駿河屋のような中古のネット通販ショップだ。

ブックオフの5つの力（2000年頃）

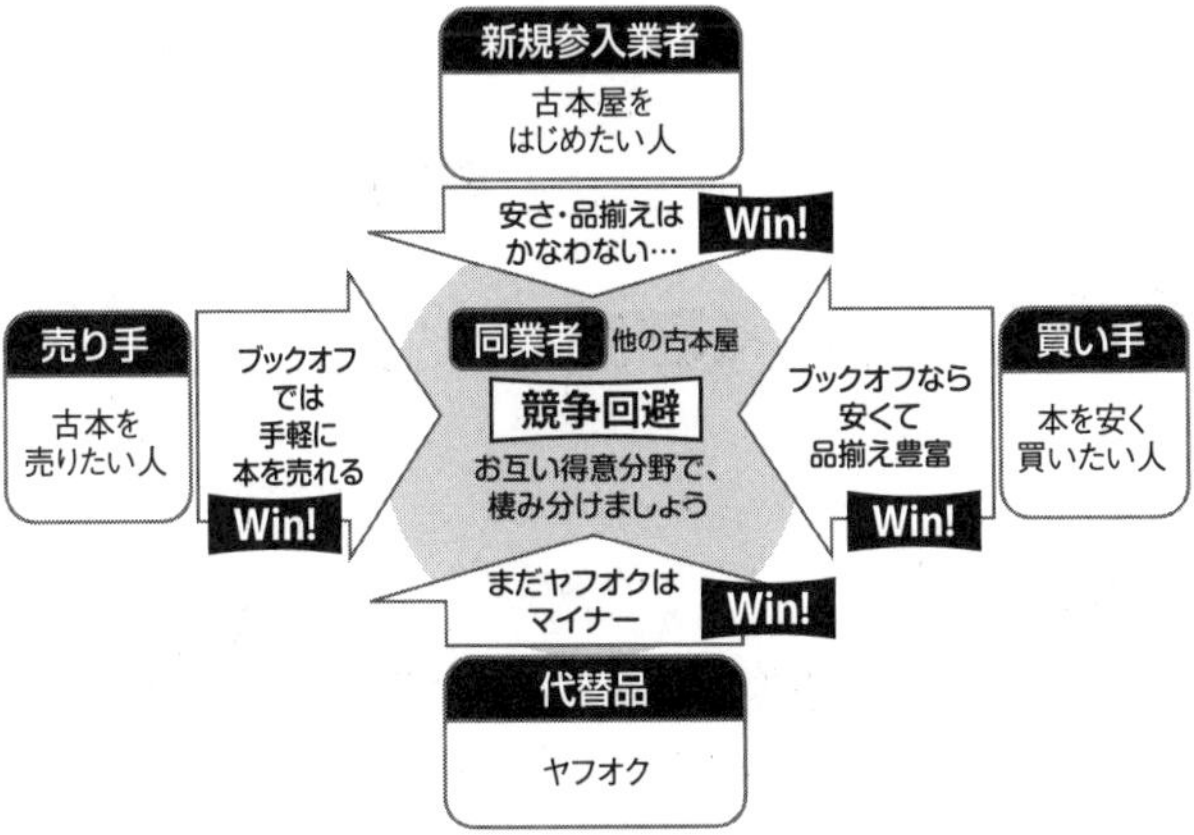
新規参入業者
古本屋をはじめたい人
安さ・品揃えはかなわない…
Win!
売り手
古本を売りたい人
ブックオフでは手軽に本を売れる
Win!
同業者
他の古本屋
競争回避
お互い得意分野で、棲み分けましょう
買い手
本を安く買いたい人
ブックオフなら安くて品揃え豊富
Win!
まだヤフオクはマイナー
Win!
代替品
ヤフオク

これらの業者は、ブックオフが創業した1991年には存在していなかったが、インターネットの普及とともに誕生した。ブックオフはネットで本を売ってこなかったので、お客さんをこうした代替品に奪われる可能性があった。そこで対策として、オンライン事業を立ち上げたり、ヤフオクと提携してネットオークションに出品している。

⑤同業者

「他の古本屋」にとって、「安さと品揃え」ではブックオフにはかなわない。

一方で、マンガ、歴史、小説などの専

ブックオフの５つの力（現在）

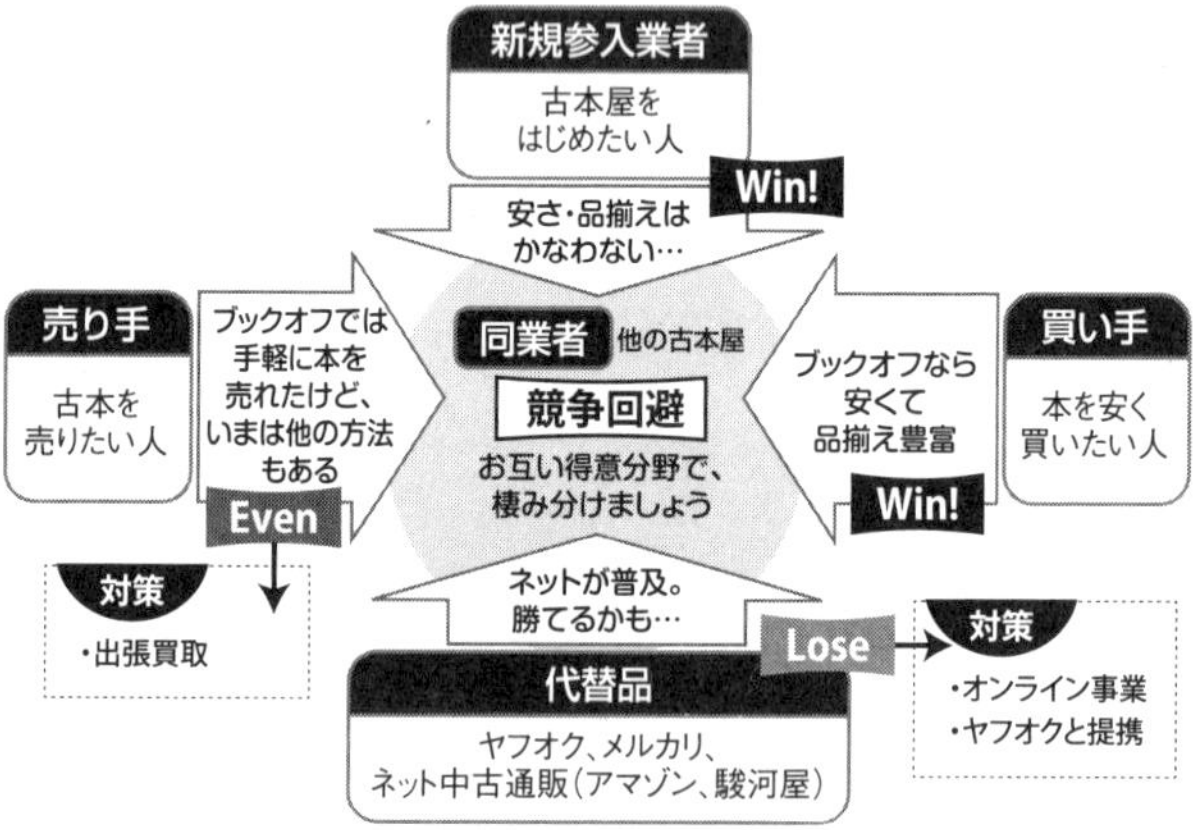
新規参入業者
古本屋を
はじめたい人
Win!
安さ・品揃えは
かなわない…
売り手
古本を
売りたい人
ブックオフでは
手軽に本を
売れたけど、
いまは他の方法
もある
Even
対策
・出張買取
同業者
他の古本屋
競争回避
お互い得意分野で、
棲み分けましょう
買い手
本を安く
買いたい人
ブックオフなら
安くて
品揃え豊富
Win!
ネットが普及。
勝てるかも…
Lose
対策
・オンライン事業
・ヤフオクと提携
代替品
ヤフオク、メルカリ、
ネット中古通販（アマゾン、駿河屋）

門分野に特化した専門性を持つ古本屋は強い。

つまり古本屋業界の中では、「安さと品揃えで強いブックオフ」と、「専門性に特化した他の古本屋」とで棲み分けが行われており、巧みに競争を回避している。

このように5つの力で見ると、ブックオフは買い手、新規参入業者に対してはほぼオンリーワンの存在で強気に立て、同業者に対しても競争せず棲み分けている。

一方でインターネットの普及とともに

登場した代替品であるオークションサイトや中古ネット通販業者に対しては、弱い立場だ。そこでブックオフは対策として、オンライン事業を立ち上げたり、ヤフオクと提携したりしている。

またかつてブックオフは売り手に対してオンリーワンの存在だったが、ライバルたちの登場で、買い取りが難しくなった。買取価格も上昇し、利益を圧迫している。そこで対策として、売り手がより簡単に本を売れるように、出張買取サービスなどをはじめている。

このように5つの力で分析すると、かつてブックオフは市場関係者との競争を巧みに避けることで成長し、儲けてきたことがわかる。そして競争状況の変化と打つべき対策も見えてくる。

ふつうの本屋はなぜ儲からないのか?

ふつうの本屋が儲からない理由も、この5つの力で考えるとよくわかる。

①買い手

最近の本屋の品揃えはどこも同じだ。つまり一般読者に対して、本屋は強気に立てずに立場が弱い。しかも対策をほとんど打っていないところが多い。

②売り手

本屋への売り手は限定されている。「出版取次」と呼ばれる書籍卸売業者で、これは大手2社のほぼ独占だ。彼らから仕入れられなくなると、本屋は本を調達できない。つまり本屋から見ると、売り手である出版取次には弱い立場だ。ここにも対策を打っていない。

③新規参入業者

「本屋をはじめたい人」は、誰でも本屋をはじめられる。参入障壁はほとんどない。消費者に支持されるまったく新しいタイプの本屋が登場すると、お客さんを一気に奪われる可能性は高い。

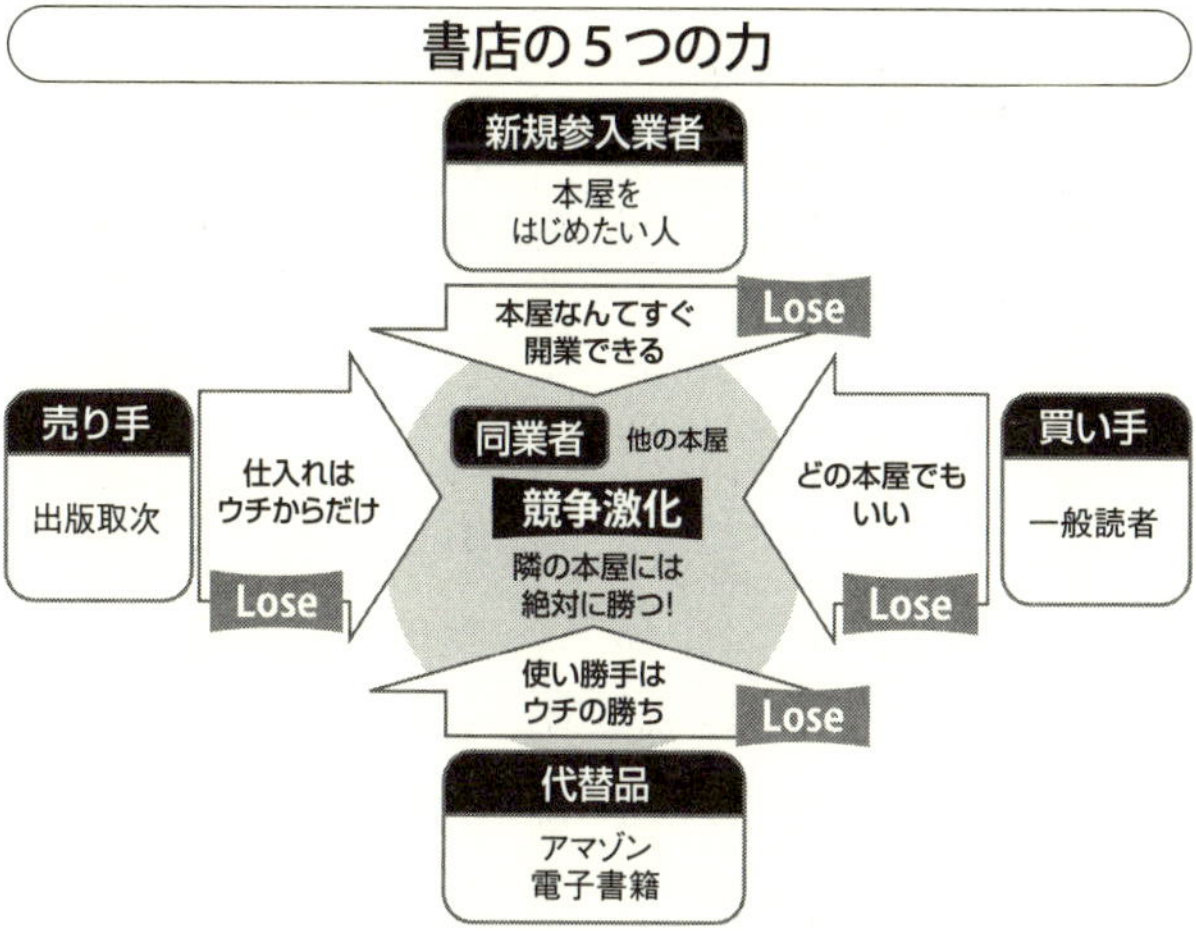

④代替品

本屋の代替品は、電子書籍とアマゾンだ。これらと比べると、本屋は品揃えも使い勝手も負けている。つまり代替品に対して本屋の立場は弱い。

⑤同業者

どこの本屋も品揃えに大きな違いはなく、似たような店舗だ。違いを打ち出せない本屋同士で、激しい競争をしている。

このようにふつうの本屋は、どの市場関係者に対しても弱い立場だ。対策もまだ打っていないところが多く、本屋同士で激しく競争している。

本屋は勝てない競争を続けている。

だから儲からないのである。

しかし考え方を変えれば、この状況から抜け出せる。


夜の10時過ぎに代官山を歩いていたら、賑わっている店があった。

代官山蔦屋書店だった。この店は深夜まで営業しており、カフェやバーもある。

料理、旅行、音楽など、分野別に詳しいコンシェルジュが本選びをアドバイスしてくれる。ゆったりとした極上の空間で本を選ぶという体験を提供しているのだ。

こうした体験は、ネットや古本屋では提供できない。本屋しかできないことである。

本来、本は知識であり、文化だ。

本屋の役割とは、「文化との出会いを演出すること」と考えることもできる。

そう考えると、代官山蔦屋書店の取り組みは、ふつうの本屋にも参考になるはずだ。

ビジネスで戦うためのたった3つの方法

「戦い方」は無限にありそうだが、ビジネスの世界で戦う方法は、次の3つだけだ。

- ・業界で最も低コストを目指す「コストリーダーシップ戦略」
- ・顧客の特定のニーズに対してベストを目指す「差別化戦略」
- ・狭い市場で徹底的な差別化を目指す「集中戦略」

本を安く仕入れて安く売ってきたブックオフは、**コストリーダーシップ戦略**をとってきた。そしてブックオフ以外の元気な古本屋は、残る2つの**差別化戦略**と**集中戦略**で戦っている。

小さな街の古本屋は「差別化戦略」

最近、オシャレで個性的な古本屋が街に増えてきた。先日、まさにそんな小さな古本屋を見つけたばかりだ。

こぢんまりした店の入口にあるカウンターでは、30代と思われるイケメン店長が静かに本を読んでおり、カウンター前の小さな机にはヨークシャーテリアが寝そべっている。私が撫でるとおとなしく気持ちよさそうにしている。可愛い。思わず癒やされた。お店の看板娘だ。

店はいい雰囲気だ。博物学、人文学、哲学、自然科学、アート……。店長のセレクトと思われる趣味のいい本が並んでいた。思わず手にとってながめてしまう。厳選された本と穏やかな空間がとてもいい具合に調和していた。

しかし店はとても小さい。1日の売上は少ないだろう。古本の仕入れもナゾだ。店には「本、買い入れます」と張り紙をしているが、ブックオフのように多くの人が本を持ってくるとは思えない。今後も趣味のいい本の品揃えを維持できるのだろうか？他人事ながら、時間を気にする素振りもなく、本を読むイケメン店長が心配になった。

古本屋でいい時間を楽しんだ後、近くのカフェに入った。ここもいい雰囲気だ。

店内の壁には棚があり、本も陳列されている。さっきの古本屋と同じく、趣味のいい本が並んでいた。それとなくカフェのマスターと話がはじまる。

「いい感じのお店ですね。あ、この写真集のカメラマン、私も好きですよ」

「ああ。近くにある古本屋の店長のセレクトなんですよ」

「え？　あの店長ですか？」思わず驚いた。

イケメン店長には、東京都内のいろいろなカフェから、古書セレクトの依頼が殺到しているらしい。イケメン店長はカフェのコンセプトや雰囲気を理解して、カフェに合った古書を選んで調達し、店に送る。カフェでは棚にその本を並べるだけ。さらに並べた本は、カフェで希望者に販売している。イケメン店長が古本を提供するカフェは、なんと実質的にイケメン店長の拡大店舗になっていて、しかもそれが都内の至る所にあるのだ。

マスターは、イケメン店長が神田の古本屋街で定期的に開催されている古本市で目利きして、本を調達するという話もしてくれた。

イケメン店長の圧倒的な強みは、趣味がいい古本の目利き力だ。

そこで改めて5つの力で整理して考えてみたい。

買い手は、イケメン店長の店に来る客と、店をいい雰囲気にしたいカフェ（カフェに来るお客さん）だ。店長はカフェに自分がセレクトした古本を提供し、カフェはカフェのお客さんに本を売って代金を回収する。これによってイケメン店長は、自分の小さな古本屋よりもはるかに大きな売り場を確保し、自身は静かに読書を楽しむ時間を確保している。

売り手は古本市の同業者だ。彼らは自分の店で売れない不要な本を古本市で売っている。店長はそんな本の中から目利きして、こだわりの古書を選んでいる。ブックオフほど安くはないが、これならそこそこの価格で仕入れできる。

代替品はヤフオク、メルカリ、あるいはアマゾンの中古市場だ。そもそもここは店長のように古くていい本を勧めてくれることはない。ここも店長の勝ちだ。

新規参入業者は、古本屋をはじめたい人だ。店長の本の趣味と目利き力はなかなか真似できないので、これは参入障壁になる。この壁は意外と高いかもしれない。

同業者はいるが、それぞれ自分の個性を売りにするので競合はしない。

このようにイケメン店長の古本屋は、強い価格競争力を持つブックオフとは違う方法で、お客さんの特定のニーズに対して、ベストを目指す差別化戦略を実現している。

ただ、差別化戦略にもリスクはある。もし参入障壁を乗り越えてイケメン店長の真似をする業者が増えると、イケメン店長の商売は苦しくなる。模倣する業者が多数出てくると、差別化できなくなるのだ。

まんだらけは「集中戦略」

渋谷の雑居ビル地下2階にある、長い階段をひたすら降りていくと、ガラスの自動扉が開いて、店内に入ることができる。そこにあるのはブックオフとも、街の古本屋ともまったく違うマンガ専門の古本屋「まんだらけ」だ。

意外なことに、店内のお客さんは若い女の子が多い。ここはマンガの古書以外にも、彼女たちが好きなBL（ボーイズラブ。男性同士の愛を描いた女性向け同人誌）の品揃えが豊富だからだ。さらにマンガ関連のグッズも多い。

お客さんの中には、若い米国人カップルもいる。小声で「オー、マイガッ！」「アメージング！」「グレイト！」と興奮の声を漏らしつつ、ドラゴンボールのトレカ（ゲーム用カード）などを物色している。

数名の家族連れで来ている中国人もいた。彼らはマンガのフィギュアがお目当てのようで、目が完全にイッてしまっている。

さらに店員の何人かはマンガの世界からそのまま抜け出したようなコスプレをしている。「うる星やつら」のラムちゃんのように、背中をあらわにして目のやり場に困ってしまう女性店員もいれば、フリフリのエプロンを着たロリータファッションの女性店員もいる。まんだらけでは、毎月コスプレ店員の人気ランキングをつけているのだ。

店内では、「〇番でお待ちのお客様、買取コーナーまでお願いします」というアナウンスが数分ごとに流れている。秘蔵本を売りに来るお客さんが、ひっきりなしに来ているのである。まんだらけの店内は、とても濃密な世界だ。

マンガ専門の古本屋なので、当然古い本もある。私が中学生の頃に読んでいた少年サンデーや少年ジャンプもある。当時は読み終えたマンガ雑誌は、何十冊もまとめてトイレットペーパーと交換したものだが、それと同じ本が大切にビニール包装され、1冊2500円で売られている。手塚治虫の昭和26年のマンガ本に至ってはなんと12万円だ。

本棚には店が買い取りたい本のリストもあった。「ドカベン」「野球狂の詩」で有名な水島新司が描いた「番頭はんと丁稚どん」は、6冊セットで買取金額12万円。50年以上前、デビュー間もない無名の水島新司が、当時の人気テレビドラマの漫画化を頼まれて描いたものらしい。

まんだらけを5つの力で整理しよう。

買い手のマンガ愛好家にとって、まんだらけは他では決して出会えないレアなマンガに出会えるワンダーランドだ。

秘蔵本を売りに来る売り手にとっては、ブックオフではタダになるようなマンガのレア本を超高値で引き取ってくれるありがたい存在だろう。彼らにとってまんだらけの目利き力は、世界で唯一無二のものだ。

新規参入業者である古本屋をはじめたい人も、同業者である他の古本屋も、圧倒的なマンガの品揃えと深いマンガの知識は、まんだらけに到底かなわない。だからこの領域に入ろうとはしない。参入障壁は極めて高く、まさに「鉄壁」である。代替品であるヤフオクやメルカリ、アマゾンの中古市場には、このようなレアものはなかなか出てこない。

まんだらけはマンガの古本という非常に絞り込んだ分野で、徹底的に絞り込んだお客さん（マンガ愛好家）に対して、よそでは真似できない尖ったレア本を提供することで、圧倒的な差別化をしている。まさに絶対的なオンリーワンの存在だ。

まんだらけは、狭い市場で徹底的な差別化を目指す集中戦略で戦っているのである。

ただ、集中戦略にもリスクはある。たとえばもしBL専門の古本屋が現れると、まんだらけはBLの分野では苦しくなる。さらに絞り込んだ市場に集中する同業者が現れると、その分野では出し抜かれてしまうのだ。

このように、元気な古本屋は、それぞれ「コストリーダーシップ戦略」「差別化戦略」「集中戦略」の3つの戦略で戦っている。ここであらためてブックオフ、街の古本屋、まんだらけの戦い方やリスクを整理すると、次の図のとおりになる。

オンリーワンを目指そう

モノを売るとき、私たちはライバルといかに戦うかを考えがちだ。でも商売ではさまざまな市場関係者が関わってくる。

商売を成功させるためには、すべての市場関係者との力関係を見極めて、必要な対策を打ち、自分たちが有利な立場に立てるようにすることが大切だ。

このときマイケル・ポーターの「5つの力」や、3つの「競争戦略」が大いに役立つ。競争戦略は競争を避けるための戦略だ。ムダな競争はお金も人も時間もかかる。競争を避ければ、余力をお客さんに提供する価値を高めることに投入できる。だから儲かる。

ビジネスに何よりも大切なのは、お客さんに求められるオンリーワンの存在になることだ。第1章で**バリュープロポジション**と**ブルーオーシャン戦略**を紹介した。バリュープロポジションはお客さんに対してオンリーワンになること、ブルーオーシャン戦略は市場でオンリーワンの存在になることを目指すものだ。

お客さんや市場に求められオンリーワンになることが、商売では最大の競争力となるのだ。

古本屋の3つの競争戦略

コストリーダーシップ戦略

ブックオフ

業界で最も低コストを目指す
→低コストにするしくみをつくり出す

- 本を処分したい人から格安で仕入れる
- シンプルなしくみで大量の本を短時間で査定できるようにし、作業コストを徹底削減する

リスク：新しい技術を使ったより低コストの業者が現れると、競争力が失われる
（例：オークションサイト、中古ネット通販）

差別化戦略

街の古本屋

顧客の特定ニーズに対して、ベストを目指す
→他では提供できない価値を創り出す

- 店長の目利き力を活かし、カフェやカフェのお客さんに「趣味のいい本」という付加価値を提供する

リスク：模倣する業者が多数出てくると、差別化できなくなる
（例：店長の真似をする業者）

集中戦略

まんだらけ

狭い市場で差別化を目指す
→徹底的に絞ったお客さんに圧倒的な価値を提供する

- マンガの古本に絞り込む
- 超レアものマンガ古書も評価できる目利き力を持つ
- オタクのマンガ愛好家をも唸らせる品揃えを提供し、圧倒的な支持を得る

リスク：さらに絞り込んだ市場に集中する同業者が現れると、出し抜かれる（例：BL古書専門業者）

「ブランド・リーダーシップ―「見えない企業資産」の構築」(デービッド・A・アーカー著、ダイヤモンド社)

ブランドエクイティ(ブランド資産)という考え方を提唱した、ブランド理論の第一人者によるブランド論です。

第3章

初級

「100円のコーラを1000円で売る方法」(永井孝尚著、KADOKAWA)

第1章で製品志向と市場志向(顧客志向)の考え方の違いを、第2章で顧客の言いなりになった商品は売れないことを、それぞれ紹介しています。

中級

「俺のイタリアン　俺のフレンチ　ぶっちぎりで勝つ競争優位性のつくり方」(坂本孝著、商業界)

「俺の――」の創業者、坂本さんが、「俺の――」のビジネスモデルを解説しています。

上級

「エッセンシャル版　マネジメント　基本と原則」(P．F．ドラッカー、ダイヤモンド社)

本書で紹介した言葉、「企業の目的の定義は1つしかない。それは、顧客を創造することである」が書かれています。本書は他にもさまざまな大切な原則が書かれています。

第4章

初級

「100円のコーラを1000円で売る方法」(永井孝尚著、KADOKAWA)

第4章で、マーケットリーダーに価格勝負を挑むのは負け勝負を自ら仕掛けるのと同じであるということを紹介しています。また第8章でプロダクトセリング(製品を売る)とバリューセリング(体験を売る)の違いを紹介しています。前者が150円プリン、後者が500円プリンです。

上級

「コトラーのマーケティング入門」(フィリップ・コトラー、ゲイリー・アーム

参考文献

第1章

初級

「100円のコーラを1000円で売る方法」（永井孝尚著、KADOKAWA）

第5章でバリュープロポジションの考え方を紹介しています。

「戦略は「1杯のコーヒー」から学べ」（永井孝尚著、KADOKAWA）

第1章でドトールコーヒーを例にブルーオーシャン戦略について解説しています。

中級

「バリュープロポジション戦略 50の作法」（永井孝尚著、オルタナティブ出版）

バリュープロポジションを中心にしたマーケティング戦略の考え方をコンパクトにまとめた本です。

「[新版]ブルー・オーシャン戦略—競争のない世界を創造する」(W・チャン・キム 、レネ・モボルニュ著、ダイヤモンド社)

ブルーオーシャン戦略の提唱者であるチャン・キムとレネ・モボルニュが、ブリューオーシャン戦略についてわかりやすく解説しています。

上級

「バリュー・プロポジション・デザイン 顧客が欲しがる製品やサービスを創る」（アレックス・オスターワルダー、イヴ・ピニュール著、翔泳社）

主にスタートアップなどのベンチャー企業を対象に、バリュープロポジションのつくり方を解説しています。

第2章

初級

「100円のコーラを1000円で売る方法」（永井孝尚著、KADOKAWA）

第3章で顧客満足の式を紹介しています。

上級

「顧客ロイヤルティのマネジメント」（フレデリック・F・ライクヘルド著、ダイヤモンド社）

顧客ロイヤルティの考え方を詳しく書いています。

第7章

初級

「100円のコーラを1000円で売る方法」（永井孝尚著、KADOKAWA）

第10章で、イノベーター理論とキャズム理論について紹介しています。

中級

「キャズム Ver.2［増補改訂版］」（ジェフリー・ムーア著、翔泳社）

キャズム理論を提唱しているジェフリー・ムーアが書いた、キャズム理論の最新著。コンサルタントだけあって、わかりやすく書かれています。

「たかがビール、されどビール　アサヒスーパードライ、18年目の真実」（松井康雄著、日刊工業新聞社）

スーパードライを仕掛けた元アサヒビール・マーケティング部長が執筆したドキュメンタリー。生きたマーケティングの教科書としてもとても参考になります。

上級

「イノベーションの普及」（エベレット・ロジャース著、翔泳社）

イノベーター理論（正確にはイノベーション普及プロセス）を提唱したエベレット・ロジャースが、イノベーター理論について詳しく解説しています。

第8章

初級

「ポーター教授『競争の戦略』入門」（Mグローバルタスクフォース著、総合法令）

難解と言われるポーターの競争戦略をわかりやすく解説しています。

上級

「新訂　競争の戦略」（M．E．ポーター著、ダイヤモンド社）

米国企業のＣＥＯ執務室には必ず置いてあると言われている。競争戦略を提唱したマイケル・ポーターによる競争戦略の教科書です。本書で紹介した５つの力や、競争の３つの基本戦略についても詳しく解説しています。

ストロング著、ピアソンエデュケーション）
　コスト基準型価格設定と価値基準型価格設定が紹介されています。

第5章

初級

「100円のコーラを1000円で売る方法」（永井孝尚著、KADOKAWA）
　第７章で、チャネル戦略の考え方について紹介しています。
「100円のコーラを1000円で売る方法２」（永井孝尚著、KADOKAWA）
　第２章と第６章で、ランチェスター戦略の強者の戦略と弱者の戦略について紹介しています。

中級

「セブン - イレブン 終わりなき革新」(田中陽著、日経ビジネス人文庫)
　セブンの取り組みについて、綿密な取材に基づいて書かれています。

上級

「コトラー&ケラーのマーケティング・マネジメント 第12版」（フィリップ・コトラー、ケビン・レーン・ケラー著、丸善出版）
　チャネル戦略の考え方がまとまっています。
「ランチェスター思考　競争戦略の基礎」（福田秀人著、東洋経済新報社）
　ランチェスター戦略の考え方をまとめた本です。

第6章

初級

「100円のコーラを1000円で売る方法」（永井孝尚著、KADOKAWA）
　第９章で、失敗した省エネルックと成功したクールビズを例にして、プロモーションの考え方を紹介しています。

上級

「コトラー&ケラーのマーケティング・マネジメント 第12版」（フィリップ・コトラー、ケビン・レーン・ケラー著、丸善出版）
　マーケティング・コミュニケーションの考え方がまとまっています。

著者略歴

永井孝尚（ながい　たかひさ）

マーケティング戦略アドバイザー。1984年に慶應義塾大学工学部を卒業後、日本IBMに入社。マーケティングマネージャーとして事業戦略策定と実施を担当、さらに人材育成責任者として人材育成戦略策定と実施を担当し、同社ソフトウェア事業の成長を支える。2013年に日本IBMを退社して独立。マーケティング思考を日本に根付かせることを目的に、ウォンツアンドバリュー株式会社を設立して代表取締役に就任。専門用語を使わずにわかりやすい言葉でマーケティングの本質を伝えることをモットーとし、製造業・サービス業・流通業・金融業・公共団体など、幅広い企業や団体を対象に、年間数十件の講演やワークショップ研修を実施。主な著書に、シリーズ累計60万部を突破した『100円のコーラを1000円で売る方法』、『戦略は「1杯のコーヒー」から学べ!』『そうだ、星を売ろう』（以上KADOKAWA）、『「戦略力」が身につく方法』（PHPビジネス新書）などがある。

SB新書　364

これ、いったいどうやったら売れるんですか？

2016年10月15日　初版第1刷発行

著　者　永井孝尚《ながいたかひさ》

発行者　小川 淳

発行所　SBクリエイティブ株式会社
〒106-0032　東京都港区六本木2-4-5
電話：03-5549-1201（営業部）

装　幀　長坂勇司（nagasaka design）
本文デザイン　荒井雅美（トモエキコウ）
図版作成　諫山圭子
組　版　アーティザンカンパニー
編集担当　石塚理恵子
印刷·製本　大日本印刷株式会社

ISBN 978-4-7973-8895-4